クックパッドのおいしい
厳選! 定番レシピ

新星出版社

はじめに

本書は、クックパッドのサイトにある185万品以上のレシピの中から、この作り方を知っておけば間違いない「定番料理」74品をピックアップしています。その中身は、プレミアム会員だけが検索できるランキング上位のレシピと、おいしさの指標である「つくれぽ（実際にレシピを作ったユーザーからの写真付きコメント）」数の多い、人気のレシピから厳選し、構成されています。

また、日常的に作ってほしいものからお祝いごとなどの特別な日のレシピまでを、「和の主菜」「洋の主菜」「中華の主菜」「副菜」「ごはん・めん・パン」「汁もの・スープ」のカテゴリーに分けて紹介しています。これから料理のレパートリーを増やしていこうという初心者の方はもちろんのこと、一通り何でも作れる上級者の方にも新しい発見をしていただけるよう、クックパッドならではの新しいコツが盛り込まれた「新定番」レシピも選んでいます。

料理は楽しく、食べた人を笑顔にします。そんなシンプルな喜びをいつでも味わっていただけるよう、本書がお役にたてば幸いです。

※レシピ数は2014年10月時点

クックパッドとは？

クックパッドとは毎日の料理が楽しくなる、日本最大の料理レシピ投稿・検索サイトです。20～30代の女性を中心に、月間のべ4400万人以上の人に利用されています。そして、投稿されたレシピを作った人は、レシピ作成者へ「おいしかったよ」「アレンジしました」などのコメントを「つくれぽ（作りましたフォトレポートの略）」で伝えることができます。こうしたユーザーの方同士のコミュニケーションを通じて、おいしくて作りやすい家庭料理のレシピが多く集まり、料理の楽しみが広がっていくのが特長です。

また、プレミアムサービスを使えば、数多くのレシピの中から、大人気のレシピをすぐに見つけることができ、献立作りがより便利になります（詳しくは122ページを参照）。

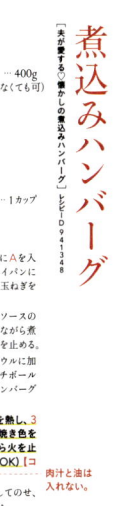

紙面について

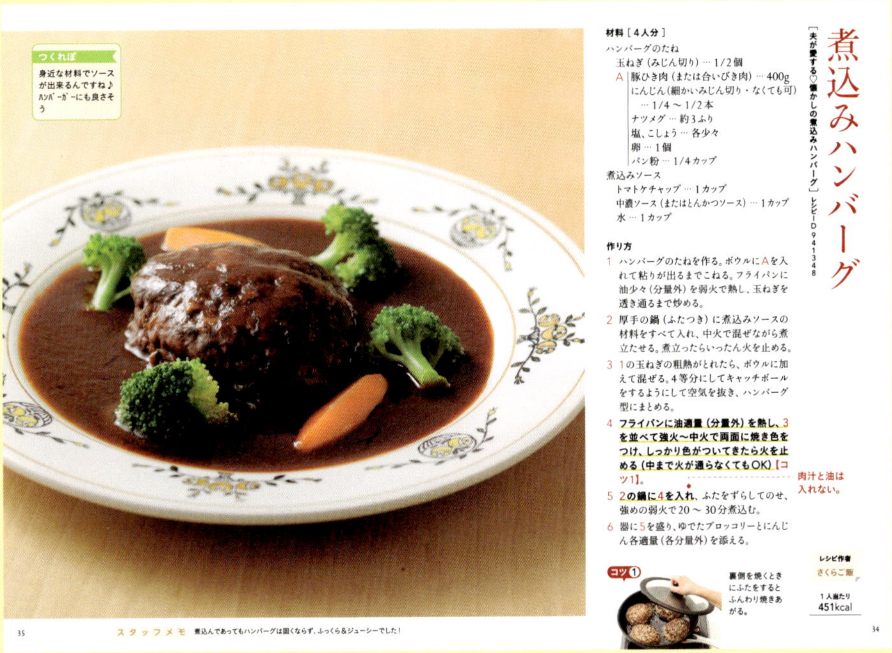

▶ 掲載されている写真はレシピ作者のレシピを見て再現し、撮影したものです。

▶ 「材料」とその分量は、サイト上で紹介されているものと基本的には同じですが、サイトに掲載されていない分量については、編集部で再現した時の分量を掲載していることがあります。

▶ 「作り方」は、サイト上で紹介されている工程を、レシピ本の表記ルールに則り、新星出版社 編集部にて再編集していますので、多少表現が異なりますが、実際の作り方は、サイト上に掲載されているものと相違ありません。下線部や「コツ」の写真は、レシピ作者による「コツ・ポイント」を編集部がピックアップしたものです。元のレシピをご覧になりたい場合は、クックパッドでレシピIDを利用して検索してください(http://cookpad.com)。

▶ レシピ頁掲載の「つくれぽ」では、クックパッドのユーザーが実際に投稿した「つくれぽ」からコメントを紹介しています。

▶ 「スタッフメモ」では、新星出版社 編集部のスタッフにて実際に調理し、実食した際の感想などを表記しています。

目次

はじめに ……2
クックパッドとは？ ……4
紙面について ……5

和の主菜 ……14

豚肉のしょうが焼き
[玉ねぎも一緒に❊豚の生姜焼❊]
……14

肉じゃが
[あら！簡単☆圧力鍋で肉じゃが〜♪]
……16

鶏のから揚げ
[カリッとジュワッと 家族絶賛鶏の唐揚げ。]
……18

筑前煮
[簡単☆筑前煮]
……20

鶏肉の照り焼き
[こってり照り照りっ！◆てりやきチキン◆]
……22

ぶりの照り焼き
[こってりふわふわ☆ブリ照り焼き]
……23

ぶり大根
[簡単・濃厚・ぶり大根]
……24

さばのみそ煮
[サバの味噌煮]
……26

鮭のホイル焼き
[フライパンで♪鮭ときのこのホイル焼き]
……27

6

洋の主菜

かれいの煮つけ
[かれいの煮つけ]
……28

あじの南蛮漬け
[鯵の南蛮漬け]
……29

いかと里いもの煮もの
[いかは最後に入れてね♥我が家の里芋の煮物]
……30

ロールキャベツ
[絶品！うちのとろとろロールキャベツ☆]
……32

煮込みハンバーグ
[夫が愛する♡懐かしの煮込みハンバーグ]
……34

鮭のムニエル
[鮭のムニエル〜簡単レモンソース〜]
……36

えびフライ
[真っ直ぐに揚がる☆エビフライ]
……38

チキンソテー
[チキンソテー♡トマトガーリックソース]
……40

ピーマンの肉詰め
[初心者向け★外れなし！ピーマンの肉詰め]
……41

メンチカツ
[メンチカツ☆キャベツ豚肉でジューシー]
……42

ポテトコロッケ
[魅惑の♡クリーミーなポテト♡コロッケ]
……44

中華の主菜

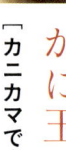

- 麻婆豆腐 [簡単！おいしい麻婆豆腐] 46
- 回鍋肉 [本格中華♥ホイコーロー♥] 48
- えびのチリソース [一番簡単★エビチリ] 50
- かに玉 [カニカマで♪簡単中華☆かに玉☆] ...... 51 
- 青椒肉絲 [豚こま★たけのこ★青椒肉絲] 52

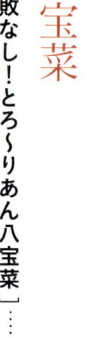

- 焼き餃子 [＊簡単美味しい♡羽根つき手作り餃子＊] 54
- えびのマヨネーズ炒め [エビマヨ with ブロッコリー] 56
- 八宝菜 [失敗なし！とろ〜りあん八宝菜] 58
- 春巻き [＊もやしと春雨の簡単春巻き♥揚げないよ＊] ...... 60 

副菜

- だし巻き卵 [ふわふわ定番だし巻き卵] 62

8

揚げ出し豆腐

[簡単☆めんつゆで揚げ出し豆腐] …… 64

[白だしだけで！ちゃちゃっと茶碗蒸し♪] 茶碗蒸し …… 66

[牛肉のしぐれ煮] 牛肉のしぐれ煮 …… 67

[順番が要！おばあちゃんの里芋にっころがし] 里いもの煮っころがし …… 68

[レンジにお任せでも本格的　かぼちゃの煮物] かぼちゃの煮もの …… 68

[話題入!!じゅわ〜♡なすの煮浸し] なすの焼きびたし …… 70

[おばあちゃんの味♪きんぴらごぼう♪] きんぴらごぼう …… 71

[しみじみおいしい♡小松菜と油揚げの煮浸し] 小松菜と油揚げの煮びたし …… 72

[ほうれん草の生姜おひたし] ほうれん草のおひたし …… 72

[◎定番　ひじきの煮物] ひじきの煮もの …… 74

[おばあちゃんの味♪ほうれん草の白和え] 白あえ …… 75

[しっとりおいしい卯の花✲おからの炒り煮✲] 炒り卯の花 …… 76

ごまあえ
[おくらの胡麻和え] …… 76

きゅうりとわかめの酢のもの
[簡単♪酢の物♪] …… 78

きゅうりの浅漬け
[材料2つ　簡単きゅうりの浅漬け] …… 79

ラタトゥイユ
[夏野菜がた〜ぷり♪ラタトゥイユ] …… 80

ポテトサラダ
[おいしくできる＊まろやかポテトサラダ＊] …… 82

コールスロー
[すし酢で♪モリモリ食べれるコールスロー★] …… 84

マカロニサラダ
[とろっとろソースのマカロニサラダ] …… 86

たこのマリネ
[簡単♪タコと玉ねぎのマリネ] …… 87

トマトと卵の炒めもの
[定番！中国人ちのトマトと卵炒め] …… 88

春雨サラダ
[❀我が家の春雨サラダ❀] …… 89

ごはん・めん・パン

えびピラフ
[簡単！お手軽！炊飯器だけでエビピラフ☆] …… 90

[炊き込みご飯]
[鶏ごぼうの炊き込みご飯] …… 92

[親子丼]
[めんつゆでウマっ！簡単！親子丼！] …… 94

[牛丼]
[家の黄金比率！絶品牛丼♡] …… 95

[パエリア]
[フライパンで簡単パエリア♪] …… 96

[オムライス]
[＊簡単＊褒められ＊ふわふわオムライス] …… 98

[いなりずし]
[我が家のお稲荷さん。とてもジューシー♪] …… 100

[卵とじうどん]
[風邪の時はコレ！簡単ふわふわ卵とじうどん] …… 101

[カルボナーラ]
[簡単♪牛乳と全卵☆★濃厚カルボナーラ★☆] …… 102

[ミートソース]
[簡単☆ミートソース] …… 104

[サンドイッチ]
[喫茶店の味♡ハムときゅうりのサンドイッチ] …… 105

[マカロニグラタン]
[簡単☆とってもクリーミーマカロニグラタン] …… 106

[チキンカレー]
[絶品☆お店に負けないチキンカレー] …… 108

汁もの・スープ

[簡単☆あるものでできるクラムチャウダー♪]
クラムチャウダー
……112

[トマト缶で簡単ミネストローネ♥]
ミネストローネ
……114

[お手軽に♪ クリーミー♡コーンスープ]
コーンスープ
……115

[ベーコンとキャベツで♡シンプルチャーハン]
チャーハン
……111

[野菜たっぷりドライカレー]
ドライカレー
……110

112　112　114　115

[おいし〜ぃ♪ 基本の具だくさん豚汁]
豚汁
……116

[いわしのつみれ汁]
いわしのつみれ汁
……118

[※はまぐりのお吸い物@ひなまつりに♪]
はまぐりのお吸いもの
……120

[簡単♪お助け節約！ふわふわ卵スープ]
卵スープ
……121

プレミアムサービスの紹介 ……122

140万人以上が利用中！プレミアムサービスでできること ……123

素材別 index ……124

12

この本のルール

▼分量表記について
大さじ1は15㎖、小さじ1は5㎖、1カップは200㎖です。いずれもすりきりで量ります。米一合は180㎖です。

▼カロリーについて
カロリー計算は、新星出版社編集部の基準で計算したもので、クックパッドサイト上での計算とは異なります。各レシピのカロリーについて、材料の人数に幅があるときは、多い方を採用して1人当たりを割り出して掲載しています。

▼調味料について
特に注釈がない場合は、しょうゆは濃口しょうゆ、砂糖は上白糖、みそはお好みのみそ、バターは有塩バターを使用しています。できあがりの量、調味料について各レシピの材料や分量、調理については、各レシピ作者が考案した味を尊重しています。できあがる分量や塩分量、調味料の量などはレシピによって異なりますので、作る前によく確認をしてください。

▼火加減について
強火、弱火など、火加減についての表記がない場合は、すべて中火にて調理、加熱を行ってください。

▼電子レンジ・オーブントースター・オーブンについて
ワット数や加熱時間についてはサイトに記載がない場合は、編集部で再現した時の目安を記載していることがあります。加熱する時間はメーカーや機種によって異なりますので、様子を見て加熱してください。また、加熱する際は、付属の説明書に従って、高温に耐えられるガラスの器やボウルなどを使用してください。液体を電子レンジで加熱する際、突然沸騰する場合がありますのでご注意ください。

▼掲載レシピについて
掲載しているレシピは、サイト内における「人気ランキング」また人気の指標でもある「つくれぽ数」などを元にして厳選しています。料理名の記載は、「一般的な料理の名称」「レシピ作者が考えた料理名」を並列させて表記しています。

クックパッド料理動画

http://www.cookpad.com/videos

クックパッド　動画　検索

本書に掲載している、いくつかのレシピは「クックパッド料理動画」にて「作り方」を動画で確認できます。視聴可能な料理は以下のページのレシピです。
P18／P24／P32／P54／P62／P98

和の主菜

スタミナがつく「豚肉のしょうが焼き」、しみじみおいしい「筑前煮」、おふくろの味の「さばのみそ煮」など、和の定番おかずを集めました。

豚肉のしょうが焼き

[玉ねぎも一緒に※豚の生姜焼※]

レシピID 1090634

材料［2～3人分］
豚切り落とし肉 … 250～280g
下味
　酒 … 大さじ1
　しょうが汁 … 小さじ1
　しょうゆ … 小さじ1
玉ねぎ … 1/2～1個
小麦粉、サラダ油 … 各適量
A｜砂糖 … 大さじ1
　｜みりん … 大さじ2
　｜酒 … 大さじ2
　｜しょうゆ … 大さじ3
　｜しょうが（すりおろし）… 小さじ1
　｜ごま油 … 小さじ1/2

作り方
1. ボウルに豚肉を入れ、下味の材料を加えてもみ込む。
2. 玉ねぎは5～6mm厚さの薄切りにする。
3. Aを混ぜ合わせておく。
4. 1に小麦粉を加えて豚肉にまぶし、サラダ油を熱したフライパンで焼く。肉に焼き色がついてきたら、**2を加えてさらに炒める**。
5. 肉に火が通って玉ねぎが少し透き通ってきたら、3を加える。とろみが出るまで煮つめてからめ、火を止める。
6. 器に5を盛り、お好みできゅうりのせん切り適量、ミニトマト数個（各分量外）を添える。

> 玉ねぎはシャキシャキ感が少し残るように炒めて。

レシピ作者
みどふぁどベシ

1人当たり
344kcal

スタッフメモ 味がしっかりついているのでお弁当のおかずにもぴったりですね。

つくれぽ

超美味しかった！主人は丼に、私はお酒のツマミに♪美味でした〜♡

肉じゃが

[あら！簡単☆圧力鍋で肉じゃが〜♪] レシピID 16384177

材料 ［4人分］

牛薄切り肉 … 100g
じゃがいも … 3個
玉ねぎ … 2個
にんじん … 1/2本
A｜砂糖 … 大さじ2
　｜しょうゆ … 大さじ3
　｜みりん … 大さじ1
　｜酒 … 大さじ1½

作り方

1. **にんじん、じゃがいもは皮をむき、玉ねぎとともに大きめに切る【コツ1】。**
2. 牛肉は食べやすい大きさに切る。
3. 圧力鍋に玉ねぎ、にんじん、じゃがいも、牛肉の順に入れ、Aをまんべんなくふりかける。
4. 強火にかけ、シュシュッと音がしたら、弱火にして4〜5分加圧する（圧力鍋の種類によっては、加圧時間が5分で足りない場合があるので調節する）。
5. **火を止めて圧が抜けたら、上下を返して味をなじませる。**

温かいうちに上下を返し、味をしみ込ませて。

コツ①

野菜はごろっと大きめに切るのがポイント。

レシピ作者 アビタシオン

1人当たり 253kcal

スタッフメモ　じゃがいもがホクホク！短時間で失敗なく作れるのが◎。

> **つくれぽ**
> 水なしで出来るんですね!!これからずっとこのレシピで作ります♪

鶏のから揚げ

[カリッとジュワッと　家族絶賛鶏の唐揚げ。]
レシピID 1727810

材料［4人分］

鶏もも肉 … 2枚（約600g）
A｜酒 … 大さじ2
　｜玉ねぎ（すりおろし）… 1/4個
　｜にんにく（すりおろし）… 小さじ1
　｜しょうが（すりおろし）… 大さじ1〜
　｜塩 … 小さじ1
　｜しょうゆ … 大さじ1½
　｜ごま油 … 小さじ1
片栗粉 … 適量

作り方

1. 鶏肉は大きめのひと口大に切り、二重にしたポリ袋に入れる。
2. 1に**A**を上から順に加え、その都度しっかりともみ込む【コツ1】。30分〜1時間冷蔵庫に入れておく。
3. 別のポリ袋に片栗粉を入れ、袋から出した2の鶏肉の水分をきりながら加える。袋ごとふって鶏肉全体に片栗粉をまぶす。
4. 170℃の揚げ油適量（分量外）に3を入れて揚げ、少し色がついたらいったん取り出し、2〜3分おく。
5. **4**の揚げ油の温度を200℃に上げ、**4**を戻し入れてカラッと色よくなるまで揚げる。
6. 油をきって器に盛り、お好みでキャベツのせん切り適量、サラダ菜数枚（各分量外）を添える。

2度揚げすると、カリッとした衣に。

コツ①

鶏肉に酒と玉ねぎのすりおろしをもみ込むと、やわらかくジューシーに揚がる。

レシピ作者
happy sky

1人当たり
243kcal

つくれぽ
本当にカリッ→ジュワ〜♪♪玉ねぎアリ、卵ナシって初めてです！

スタッフメモ　すりおろし玉ねぎの効果で鶏肉はやわらかく、コクも増していて激うまでした。

筑前煮

[簡単☆筑前煮] レシピID 4832227

材料 [4〜6人分]
- 鶏肉（写真は鶏もも肉を使用）… 1枚
- ごぼう、にんじん … 各1本
- れんこん … 適量
- たけのこ水煮 … 1/2個
- こんにゃく … 1/2枚
- ごま油 … 大さじ1
- A
  - 酒 … 1/2カップ
  - 水 … 2カップ
  - 顆粒和風だし … 大さじ1
- B
  - みりん … 大さじ2
  - しょうゆ … 大さじ1
  - 砂糖 … 小さじ1
  - 塩 … 少々

作り方
1. 鶏肉は食べやすい大きさに切る。
2. ごぼうはよく洗って皮をこそげ取り、にんじん、れんこんは皮をむき、それぞれ乱切りにする。ごぼうとれんこんだけ、水にさらして水けをきる。たけのこ、こんにゃくも乱切りにする。
3. 鍋にごま油を熱して1を入れて炒める。肉の色が変わったら、2を加えて軽く炒め合わせる。
4. 3にAを加えて中火で煮込み、まめにアクを取る【コツ1】。具材がやわらかくなったら、Bを加え、弱火でさらに煮込む。
5. 全体に味がなじみ、水分がなくなってきたら、火を止める。甘さは好みで調節する。
6. 器に5を盛り、お好みでさっとゆでたオクラの斜め切り適量（分量外）を添える。

コツ①

こまめにアクを取り除くことで、おいしく仕上がる。

スタッフメモ 上品な味つけでした。お正月の食卓に出したら喜ばれること間違いなし！

レシピ作者
ありす2000

1人当たり
186kcal

> **つくれぽ**
> お食い初めのお祝いで作りました。簡単に美味しくできました！

鶏肉の照り焼き

[こってり照り照りっ！◆てりやきチキン◆]

レシピID 1564357

つくれぽ
我が家の男性陣大絶賛♥タレが美味しくてそれだけでご飯イケるっ

材料 [2人分]

- 鶏もも肉 … 1枚（約300g）
- こしょう … 適量
- 小麦粉 … 大さじ2
- サラダ油 … 大さじ1

A
- しょうゆ … 大さじ2
- 砂糖 … 大さじ1
- 酒 … 大さじ1
- みりん … 大さじ1
- **粗びきガーリックパウダー … 小さじ1/2〜お好みで**

※細びきや、チューブのおろしにんにくでも代用可。

作り方

1. 鶏肉は余分な脂を取り除いてひと口大に切り、こしょうをふって小麦粉をまぶす。
2. フライパンにサラダ油を熱し、1を入れて中火〜強火で両面に焼き色をつける。弱火にしてふたをし、5分ほど蒸し焼きにする。
3. 器にAを入れて混ぜ合わせておく。
4. 2のふたをはずして底の余分な脂をキッチンペーパーなどでふきとり、3を加えて弱火〜中火で鶏肉にからめて火を止める。器に盛り、お好みでレタス、貝割れ菜各適量、プチトマト2個（各分量外）を添える。

レシピ作者 komomoもも

1人当たり **449kcal**

スタッフメモ　ガーリック風味のたれが食欲をそそりました。ガッツリ食べたいときにぜひ！

ぶりの照り焼き

[こってりふわふわ☆ブリ照り焼き]
レシピID 1019456

> **つくれぽ**
> 何度作っても美味しいし、絶対うまくいく！ありがとう

材料 [2人分]
- ぶり切り身 … 2切れ
- 塩、片栗粉、サラダ油 … 各適量
- A | 砂糖、しょうゆ、みりん、酒 … 各大さじ1

作り方
1. ぶりは両面に塩をたっぷりとふり、10分ほどおいてから水洗いし、水けをしっかりとふく。
2. その間にAを混ぜ合わせてたれを作る。
3. **1に片栗粉をまぶす【コツ1】**。
4. フライパンにサラダ油を熱し、盛りつけるとき表になる、皮のついたほうから焼く。ぶりの周りが白っぽくなったら、裏返してふたをして弱火で焼く。
5. ぶりが焼けたらフライパンの底の余分な脂をキッチンペーパーなどでふき、2を一気に回し入れ、ぶりにからめながら煮つめる。たれに照りととろみがついたら火を止める。

コツ1: ぶりに片栗粉をまぶすときはポリ袋を使うと簡単！

レシピ作者: meg526

1人当たり **336kcal**

スタッフメモ: ぶりに片栗粉をまぶしているので、加熱しても身がふわふわでした。

ぶり大根

[簡単・濃厚・ぶり大根] レシピID 1012764

材料 [2人分]

ぶり切り身 … 2切れ
塩 (ぶりの下処理用) … 適量
大根 … 5cm (お好みの量で)
しいたけ (なくても可) … 2個
しょうが (薄切り) … 3cm (お好みの量で)
A │ しょうゆ … 大さじ4
　│ 砂糖 … 大さじ3〜4 (約30〜40g)
　│ 酒 … 1/2カップ
　│ 水 … 3/4カップ
しょうが、ゆず (せん切り・飾り用)
　… 各適量
※写真はゆずは不使用

作り方

1. **ぶりは塩少々をふり、上から熱湯を回しかける。** ← ぶりの臭みを抜くためにきちんと下処理をする。
2. 大根は皮をむき、1cm幅の半月切りまたはいちょう切りにする。**切った大根を耐熱容器に入れてラップをかけ、500Wの電子レンジで1分加熱する (この工程はなくてもOK)。** ← レンジで加熱しておくと煮る時間を短縮できる。
3. 鍋にAを入れて混ぜ、1、2、しいたけ、しょうがの薄切りを加える。最初は中火で煮立ったら弱火にし、落としぶたをして煮る。
4. 煮汁が少なくなってきたら、火を止める。器に盛り、飾り用のしょうが、お好みで三つ葉少々 (分量外) を添える。

レシピ作者
カルン

1人当たり
348kcal

つくれぽ
煮魚が苦手な旦那も美味しいとパクパク食べてくれました！

スタッフメモ 　大根に味がよくしみていました。ぶりも臭みがまったくなくておいしかったです。

さばのみそ煮

[サバの味噌煮]
レシピID 4 6 4 8 2 0

> **つくれぽ**
> 下処理で生臭くなく出来ました☆家族の評判も上々でした(^^)

材料 [4人分]
- さば切り身 … 4切れ
- しょうが … 1かけ

A
- 水 … 1/2カップ
- 酒 … 1/4カップ
- みりん … 大さじ3
- 砂糖 … 大さじ3
- しょうゆ … 大さじ1
- みそ … 大さじ3

作り方

1. さばは全体に熱湯をしっかりと回しかけて霜降りにする。しょうがは薄切りにする。
2. フライパンにAを入れて強めの中火にかけ、煮立ってきたら中火にする。**味をみて1を加え、ふたをしてときどき煮汁をかけながら煮る【コツ1】**（煮つまると味が濃くなるので、それをふまえてお好みの味に調節する）。
3. 10～13分煮て、煮汁がとろっとしてきたら、火を止める（最初はとろみがつかなくても、しばらく煮つめるととろりとしてくる）。

コツ1 フライパンを傾けて、煮汁をスプーンでとり、さばに回しかけて焦がさないように煮る。

レシピ作者
葉ママ

1人当たり
273kcal

スタッフメモ フライパンなら焦げずに簡単に作れるのがうれしい！とろりとしたみそも絶妙でした。

つくれぽ
フライパンで出来て洗い物も楽ちん♡美味しいし大助かり！大感謝♪

鮭のホイル焼き

[フライパンで♪鮭ときのこのホイル焼き]

レシピID 1380246

材料 [2人分]

- 生鮭切り身 … 2切れ
- しいたけ … 3個
- えのきだけ … 1/2袋
- 酒 … 大さじ1弱（1人分）×2
- しょうゆ … 大さじ1弱（1人分）×2
- バター … 10g（1人分）×2

作り方

1. しいたけは石づきを取り、2mm幅くらいに切る。えのきだけも石づきを取り、食べやすい長さに切る。
2. 鮭の大きさより、両端が5cm以上ずつ長くなるようにしたアルミホイルを2枚用意する。1枚の真ん中に鮭1切れ、半量のえのきだけ、半量のしいたけの順にのせ、アルミホイルで軽く囲む。これをもう1組作る。
3. 2のそれぞれに酒、しょうゆをかけて真ん中にバターをのせ、アルミホイルできれいに包む。
4. **フライパンに少量の水（深さ1cmくらい）を注いで熱する。** 3を入れてふたをし、弱火で15〜20分蒸し焼きにする。

水を加えると焦げつき防止に。

レシピ作者
HAL.M

1人当たり
220kcal

スタッフメモ　きのこの旨みがたっぷり味わえる、ヘルシーな魚料理でした。

かれいの煮つけ

[かれいの煮つけ]
レシピID 1032006

材料 [3人分]
- かれい切り身 … 3切れ
- 水 … 3/4カップ
- A
  - 砂糖 … 大さじ2
  - 酒 … 大さじ2
  - みりん … 大さじ2
  - しょうゆ … 大さじ3
- しょうが (薄切り) … 4～5枚

作り方
1. 鍋に水、Aを入れて沸騰させる。
2. 中火にしてかれいとしょうがを入れ、アルミホイルで落としぶたをし、15～20分味がしみるまで煮る。

つくれぽ
久々の煮付け♪身も柔らかくあっという間にできて美味しかったです☆

レシピ作者
せつみか

1人当たり
182kcal

スタッフメモ 煮汁の分量がわかりやすく、煮つけ初心者の人におすすめのレシピです。

つくれぽ
魚を食べない娘が食べてくれました〜
美味しかったです！

あじの南蛮漬け
[鰺の南蛮漬け]
レシピID 1410321

材料 [3〜4人分]
- 真あじ（三枚おろし）… 約15枚（200g）
- パプリカ（赤・黄）… 各1/4個
- 新玉ねぎ（玉ねぎでも可）… 1/4個
- 水菜 … 1束（約50g）
- A | 塩、こしょう、片栗粉 … 各適量
- B | だし汁 … 3/4カップ
  米酢 … 35ml
  しょうゆ、砂糖 … 各大さじ3
- いりごま（白）… 適量

作り方
1. パプリカはへたと種を取り、玉ねぎとともに薄切りにする。水にさらして水けをきり、底が平らな保存容器に敷きつめておく。
2. あじにAをまぶし、油適量（分量外）でこんがりと揚げ、1の野菜の上に並べる。
3. **小鍋にBを入れて沸騰させ、2にかける**。粗熱がとれたら、冷蔵庫で冷やす。
4. 水菜は根元を切り落として5cm長さに切り、3に加えてざっくりと混ぜて器に盛る。いりごまを指先で捻りながらかける（冷蔵庫で2日間保存可能）。

熱々の漬けだれをかけると味がよくしみ込む。

レシピ作者 sachi825

1人当たり **171kcal**

スタッフメモ　酸味がまろやかで上品な味わいでした。常備菜の定番にしたいです。

いかと里いもの煮もの

[いかは最後に入れてね❤ 我が家の里芋の煮物] レシピID 947906

材料 [作りやすい分量]
- いか … 1～2杯
- 里いも … 10～13個（300～400g）
- A
  - しょうゆ … 大さじ2
  - 砂糖 … 大さじ2
  - みりん … 大さじ1
- だし汁 … 1カップ

作り方
1. 里いもは皮をむいて塩小さじ1（分量外）をふり、ぬめりを取る。
2. 鍋にたっぷりの水と1を入れて下ゆでし、ざるにあげる（竹串を刺してみて中心が固いくらいでOK）。
3. いかは下処理※して1cm幅くらいの輪切りにする（今回は足を使っていないが、もちろん入れてもOK）。
4. **鍋にAと3を入れて火にかけ、いかに火が通ってふっくらとしたらいったん皿に取り出す【コツ1】**。
5. 4の鍋にだし汁（または水）と2を加え、落としぶたをして弱火～中火で10～15分煮る。
6. 煮汁が少なくなって里いもがやわらかくなってきたら、**4のいかを戻し入れ、1～2分煮て火を止める**（煮ものは冷ますことでさらに味がしみ込む）。

絶対に火を通しすぎないように！

※いかの下処理
いかは胴に指を入れて内臓ごと軟骨と一緒に足をつけ根からはずす。胴は中まで水でよく洗って水けをふく。足は目の上に包丁を入れて内臓を切り離す。口ばしは目と目の間に切り込みを入れ、水を張ったボウルの中で下から押し出し、周りの身ごと除く。目も水の中でもぎ取る。

コツ①

いかをやわらかく仕上げるために写真のような状態になったら、いったん取り出して。

レシピ作者　えりほの

全量で 486kcal

スタッフメモ　いかをいったん取り出して最後に加えるコツが勉強になりました！

つくれぽ

いかがやわらかくて美味しかったです♪食べ盛りの娘も大満足 (^^)

洋の主菜

ロールキャベツ

[絶品！うちのとろとろロールキャベツ☆]
レシピID 1379849

レシピ作者
ちぃトン

1個
219kcal

とろとろの「ロールキャベツ」に、香り高いソースの「鮭のムニエル」、ジューシーな「メンチカツ」など、洋風の人気レシピをご紹介。

材料［大きめ6〜7個分］

- キャベツの葉 … 大6〜10枚
  （小さめのキャベツなら2枚で1個分）
- ロールキャベツのたね
  - ひき肉 … 250g
    ※写真は合いびき肉を使用
  - 玉ねぎ（みじん切り）… 小1個
  - 牛乳 … 1/4カップ
  - パン粉 … 1/2カップ
  - A ┃ 卵 … 小1個
    ┃ 塩、こしょう … 各少々
- スープ
  - 水 … 1ℓ
  - B ┃ ローリエ … 2枚
    ┃ 固形コンソメスープの素 … 5個
    ┃ トマトケチャップ … 大さじ10
    ┃ みりん … 大さじ3
    ┃ 砂糖 … 大さじ1
  - バター … 10g
  - 粗びき黒こしょう … 多め

作り方

1. キャベツはちぎれないようにきれいにむく。よく洗ってゆで、しんなりしてきたら、すぐに流水につけて冷やし、ざるにあげる。
2. ロールキャベツのたねを作る。フライパンに油適量（分量外）を熱して玉ねぎを炒め、透き通ってきたら、取り出して冷ます。パン粉は牛乳に浸してふやかす。
3. ボウルにひき肉、2、Aを入れ、手でよくこねる。粘りが出てきたら、6〜7等分に丸める。
4. スープを作る。鍋に水を入れて火にかけ、沸騰したらBを入れて中火で煮る。
5. 芯を手前にキャベツ1枚を広げ、3のたねを包む。なるべく強めに巻いて最後は爪楊枝2本でとめる。残りのたねも同様に巻く。
6. 4に5を入れてふたをし、中火で煮込む（クッキングシートなどで落としぶたをする）。
7. やわらかくなったらふたをはずし、**少し煮つめてバターと粗びき黒こしょうを加えて5分煮て火を止める**。

スタッフメモ　キャベツがとろとろでやわらかく、スープまでおいしくいただけました。

> **つくれぽ**
> ケチャップでできるのが素晴らしいです♡実は3回目、大人気です！

キャベツがとろとろになり、スープに少しとろみがついたら完成の合図。

煮込みハンバーグ

[夫が愛する♡懐かしの煮込みハンバーグ] レシピID 941348

材料 [4人分]

ハンバーグのたね
- 玉ねぎ（みじん切り）… 1/2個
- A
  - 豚ひき肉（または合いびき肉）… 400g
  - にんじん（細かいみじん切り・なくても可）… 1/4〜1/2本
  - ナツメグ … 約3ふり
  - 塩、こしょう … 各少々
  - 卵 … 1個
  - パン粉 … 1/4カップ

煮込みソース
- トマトケチャップ … 1カップ
- 中濃ソース（またはとんかつソース）… 1カップ
- 水 … 1カップ

作り方

1. ハンバーグのたねを作る。ボウルにAを入れて粘りが出るまでこねる。フライパンに油少々（分量外）を弱火で熱し、玉ねぎを透き通るまで炒める。
2. 厚手の鍋（ふたつき）に煮込みソースの材料をすべて入れ、中火で混ぜながら煮立たせる。煮立ったらいったん火を止める。
3. 1の玉ねぎの粗熱がとれたら、ボウルに加えて混ぜる。4等分にしてキャッチボールをするようにして空気を抜き、ハンバーグ型にまとめる。
4. <u>フライパンに油適量（分量外）を熱し、3を並べて強火〜中火で両面に焼き色をつけ、しっかり色がついてきたら火を止める（中まで火が通らなくてもOK）</u>【コツ1】。 — 肉汁と油は入れない。
5. <u>2の鍋に4を入れ</u>、ふたをずらしてのせ、強めの弱火で20〜30分煮込む。
6. 器に5を盛り、ゆでたブロッコリーとにんじん各適量（各分量外）を添える。

コツ①

裏側を焼くときにふたをするとふんわり焼きあがる。

レシピ作者 さくらご飯

1人当たり 451kcal

> **つくれぽ**
> 身近な材料でソースが出来るんですね♪ ハンバーガーにも良さそう

スタッフメモ　煮込んであってもハンバーグは固くならず、ふっくら&ジューシーでした！

鮭のムニエル

[鮭のムニエル〜簡単レモンソース〜] レシピID 466249

材料［2人分］
生鮭切り身 … 2切れ
塩、こしょう … 各適量
小麦粉 … 大さじ2
バター … 大さじ1
オリーブオイル … 大さじ2
白ワイン（または酒）… 大さじ2
レモン汁 … 1/2個（大さじ1〜1½）

作り方
1. 鮭に塩、こしょうをし、できれば10〜15分おく。
2. 1の両面に小麦粉をまんべんなくまぶす。
3. フライパンにバターとオリーブオイルを熱し、2の余分な粉をはたいて入れ、片面に焼き色をつける。
4. 鮭を裏返してふたをし、弱めの中火で2分蒸し焼きにして器に盛る。
5. **4の火加減を弱火にし、フライパンに残った蒸し汁に白ワインとレモン汁を加え、ひと煮立ちさせてソースを作る。**
6. 4に5をかけ、お好みでほうれん草のソテー適量（分量外）を添える。

> 酸味の強いソースは鮭との相性がよい。

レシピ作者
momoco

1人当たり
367kcal

スタッフメモ　さわやかなレモンバターソースが絶品！鮭の皮もカリッとしていて最高でした。

つくれぽ

レモンでさっぱり！皮も美味！塩コショウの下味が大事ですね＾＾

えびフライ

[真っ直ぐに揚がる☆エビフライ] レシピID 2829933

材料 [特大8本分・大なら10〜12本分]

- えび（殻つき）… 特大8本
  （大なら10〜12本）
- 小麦粉 … 50g
- 卵 … 殻ごと量って60g
- 牛乳 … 40ml
- 塩、こしょう … 各少々
- レタス … 大約3枚
- ミニトマト … 12個

作り方

1. バットに卵を割り入れて小麦粉を加えて混ぜ、牛乳を少しずつ足しながら、なめらかになるまで混ぜる。塩、こしょうを軽くする。

2. えびは尻尾まで殻をむく。腹側の尻尾に近い殻を真ん中から手で開き、尻尾の殻をつまんで、少しずつ交互にそっと引っ張るとよい（この工程は省いてもOK）。

3. 包丁でえびの背側に切り込みを入れ、背わたを取る。**腹側の節と節の間に5か所、真ん中くらいまで切り込みを入れる。両脇腹にも節と節の間に4〜5か所、軽く切り込みを入れる【コツ1】**。

4. 3を1にくぐらせ、パン粉（分量外）を全体にまぶす。**または小分けにして、えび同士がくっつかないようにパン粉（分量外）をまぶし、ラップで包んでしばらくおく【コツ2】**。

5. 揚げ油適量（分量外）を熱し、4をカラリと揚げる。器に盛り、ミニトマトとともにちぎったレタスなどを添える。

コツ①

えびを曲げずに真っ直ぐ揚げるには、筋を切ってダランダランの状態にするのがポイント。あるいはえびの節ごとに手で背中側に曲げ（筋がのびない場合は、両脇腹側を軽く反対側に曲げ）、筋をプチッと切ってもOK。

コツ②

ラップで包んだ状態でしばらくおくと、パン粉がしっとりとしてきておいしくなり、えびがより真っ直ぐ揚がる。

レシピ作者 まゆもん

全量で 893kcal

スタッフメモ　ここまでえびに切り込みを入れるワザ、知らなかったです。衣もサクッとしていて美味しかったです！

> **つくれぽ**
>
> 差し入れ用のお弁当にIN♡ピ〜ンと伸びた海老ちゃんめちゃウマ②♫

つくれぽ
玉ねぎの甘みがぎゅっと詰まった濃厚トマトソースが絶品でした！

コツ1
ソースは写真の色や濃度くらいまで煮つめればOK!酸味が強かったら砂糖を少し足してみて。

チキンソテー
[チキンソテー♡トマトガーリックソース]
レシピID 1809860

材料 [4人分]
- 鶏もも肉 … 4枚
- トマト水煮缶（カット）… 1缶（約400g）
- にんにく … 2かけ
- 玉ねぎ … 1個
- オリーブオイル … 大さじ4

A
- トマトケチャップ … 大さじ4
- 酒、みりん … 各大さじ2
- 砂糖 … 小さじ1
- 固形コンソメスープの素 … 1個
- オレガノ、バジル（乾燥）… 各4ふり
- 粗びき黒こしょう … 適量

作り方
1. 玉ねぎ、にんにくはみじん切りにする。フライパンにオリーブオイルを弱火で熱してにんにくを炒め、香りが出たら玉ねぎを加えてよく炒める。
2. 1にトマト缶とAを加えてよく混ぜる。**木べらなどで混ぜながら、中火で10分ほど煮つめる**【コツ1】。
3. 鶏肉は厚みを均等にし、粗びき黒こしょうをふる。フライパンに油適量（分量外）を熱し、鶏肉の皮目を下にして入れ、焼き色がつくまでふたをして強火で5分焼く。ふたを取り、裏返して弱めの中火で5分焼く。
4. 器に3を盛り、2のソースをたっぷりとかける。お好みでフライドポテト、ほうれん草のソテーなど各適量（各分量外）を添える。

レシピ作者
なおモカ

1人当たり
494kcal

スタッフメモ　スタッフ全員、ソースをたっぷりかけてペロリと完食しちゃいました！

ピーマンの肉詰め

[初心者向け★外れなし！ピーマンの肉詰め]

レシピID 1434196

つくれぽ
タネも剥がれずピーマンも綺麗に仕上がり、主人にも誉められ大満足♪

材料［3～4人分］
- ピーマン … 6個
- 合いびき肉 … 300g
- 玉ねぎ … 1/2個
- A
  - パン粉 … 1/2カップ
  - 牛乳 … 大さじ2
  - 卵 … 1/2個
- 小麦粉 … 大さじ1
- 塩、こしょう … 各少々
- B
  - オイスターソース … 大さじ2
  - みりん、酒 … 各大さじ1
  - 水 … 1/2カップ

作り方

1. 玉ねぎはみじん切りにする。耐熱ボウルに入れてラップをかけ、500Wの電子レンジで3分加熱し、冷ます。
2. Aは合わせてなじませておく。
3. 2に1、ひき肉、塩、こしょうを加えてよく練り混ぜる。
4. ピーマンは洗って水けをよくふいて縦半分に切り、へたを残して種だけ取る。ポリ袋に小麦粉とともに入れ、よくふってなじませてから、ピーマンに隙間がないように3をたっぷりと詰め、上にもこんもりのせる。
5. **フライパンに油（分量外）を熱し、肉の面を下にして入れ、焼き色をつける。混ぜ合わせたBを加え、ふたをして蒸し焼きにする。** ふたをはずし、たれを煮つめて火を止める。

レシピ作者 朝まと

1人当たり **331kcal**

スタッフメモ　ピーマンはやわらかく、肉だねはジューシー！お弁当のおかずのレパートリーに加えても◎。

メンチカツ

[メンチカツ☆キャベツ豚肉でジューシー] レシピID 1847041

材料［5〜6人分］

豚ひき肉（または合いびき肉）… 400g
キャベツ … 1/4 〜 1/2個
玉ねぎ … 1/4個
塩 … 大さじ1/2 〜 1
A｜ウスターソース … 大さじ2
　｜塩、こしょう … 各小さじ1/2
　｜パン粉 … 大さじ1
　｜卵 … 1個
　｜片栗粉 … 大さじ2
B｜小麦粉 … 1/2カップ
　｜卵 … 1個
水 … 60 〜 80㎖
パン粉 … 適量

作り方

1 <u>キャベツはせん切りにしてから、ざくざく細かく切る。玉ねぎはみじん切りにする。合わせて塩でもむ</u>（キャベツが1/4個（200g）なら塩小さじ1/2、1/2個（400g）なら塩小さじ1弱を目安に調節する）。
2 ボウルにひき肉とAを入れ、粘りが出る程度までよく混ぜる。<u>さらに1を加えてよくこね、丸くまとめる。</u>
3 別のボウルにBを加えてよく混ぜ、水を少しずつ足しながら、ダマがなくなるまでよく混ぜる。
4 2を3にくぐらせ、全体にパン粉をまぶす。
5 揚げ油適量（分量外）を熱し、4を入れる。衣が色づいたら裏返し、全体に色づいたら、取り出して余熱で中まで火を通す。
6 器に5を盛り、お好みでトマトケチャップと中濃ソース各適量（各分量外）を混ぜ合わせてかける。

> キャベツと玉ねぎはもみ込まず、さっと塩であえるイメージで。時間をおかず手早くたねに混ぜる。

> たねがゆるいので平たくせずに丸くまとめると衣がつけやすい。

レシピ作者
cocorarara

1人当たり
458kcal

スタッフメモ　肉汁がジュワ〜と口いっぱいに広がりました！パンにはさんでもおいしそう。

つくれぽ

めっちゃヘルシー！野菜がいっぱいなのに、肉好き家族にバレない！笑

ポテトコロッケ

[魅惑の♡クリーミーなポテト♡コロッケ] レシピID 456198

材料 [約10個分 (中くらいの大きさ)]

コロッケのたね
- じゃがいも … 7個
- ベーコン … 4枚
- 玉ねぎ … 1/4個
- バター (炒め用) … 30g
- 塩、こしょう① … 各適量
- 牛乳 … 2カップ
- 薄力粉 … 大さじ3
- 塩、こしょう② … 各適量

衣の材料
- パン粉 … 適量
- A
  - 薄力粉 … 大さじ2
  - 酒 … 大さじ1
  - 卵 … 1個

作り方

1. コロッケのたねを作る。じゃがいもは皮をむいて芽を取り、4等分に切る。耐熱容器に入れてラップをかけ、700Wの電子レンジで8分ほど加熱する。箸がスッと通るようになったら、大きめのボウルに移し、しっかりとつぶす (乾燥防止にラップをふんわりかけておくとよい)。

2. 1でじゃがいもを加熱している間に、ベーコンは細かく刻み、玉ねぎはみじん切りにする。フライパンにバターを熱し、ベーコンと玉ねぎが色づいてくるまでよく炒める。

3. 2に塩、こしょう①をふり、薄力粉を加えて弱火で粉っぽさがなくなるまで炒める。牛乳を加え、混ぜながらふつふつとして**とろみがつくまで加熱する**。

   > フライパンの底を木べらでなぞり、跡がす〜っと残るまでとろみをつけて。

4. 1に3を加え、ムラなくなめらかになるまでしっかりと混ぜ合わせ、塩、こしょう②で味をととのえる。

5. バットなどの容器に4を入れ、なるべく平らにのばす。ラップを密着さるようにかけてから、**冷蔵庫でしっかりと冷やす【コツ1】**。

6. **5を成形する**。ボウルにAをよく混ぜ合わせ、コロッケだねをくぐらせ、パン粉を全体にまぶす。

   > ボウルに水を張って手をきれいにし、軽く濡らした状態で成形するとラク!

7. 揚げ油適量 (分量外) を中温で熱し、6をそっと入れる。衣が固まるまで箸などで触らず、きつね色になるまで揚げる。器に盛り、お好みでトマトケチャップとマヨネーズを1:1で混ぜたソース (分量外) を添える。

コツ①

コロッケだねをよく冷やすと、成形しやすい上、揚げたときに破裂するのを防ぐことができる。

レシピ作者
れっさーぱんだ

1個当たり
72kcal

スタッフメモ　ホワイトソースを混ぜ込んでいるので、口当たりがなめらかで絶品でした。

つくれぽ

クリーミーに仕上がりました(^ ^)マヨケチャソースと合う!!

中華の主菜

「回鍋肉」「青椒肉絲」などおなじみの炒めものやイマドキの「えびのマヨネーズ炒め」などリピート確実の中華メインおかずを厳選。

麻婆豆腐

[簡単！おいしい麻婆豆腐]
レシピID 22223949

材料［2～3人分］
- 豆腐 … 1丁（400g）
- 豚ひき肉 … 50g
- 長ねぎ（みじん切り）… 1/3本
- にんにく（みじん切り）… 1かけ
- しょうが（みじん切り）… 親指大
- A
  - 砂糖 … 小さじ2
  - 豆板醤（またはみそ）… 小さじ1～お好みで
  - 酒 … 大さじ1
  - しょうゆ … 大さじ2
  - 水 … 120㎖
- ごま油 … 大さじ1
- 水溶き片栗粉 … 適量
- ラー油 … お好みで
- 小ねぎ … 少々

作り方

1. 豆腐は1cmのさいの目切りにする（絹ごし豆腐を使うときは軽く湯通しする）。
2. ボウルにAを合わせておく。
3. 中華鍋にごま油を熱し、長ねぎ、にんにく、しょうがを炒めてから、ひき肉を加えて強火で炒める。
4. 3に2を入れて煮立て、1を加えて大きくかき回す。さらにひと煮立ちしたら、**水溶き片栗粉を回し入れ、火を止める**。器に盛り、小ねぎの小口切りをのせる。食べる直前にお好みでラー油をかけてもよい。

> 水溶き片栗粉は入れすぎないように様子を見ながら加えて。

レシピ作者
にゃごちゃんすきすき

1人当たり
273kcal

スタッフメモ　辛味のバランスがよく、大人も子どもも大好きな味。白いご飯が進みます。

つくれぽ

素を買って作るより100倍うまい♡また作ります！ご馳走様でした♡

回鍋肉

[本格中華♥ホイコーロー♥] レシピID 1396450

材料 [4人分]

豚こま切れ肉 … 400g
キャベツ … 1/3個
ピーマン … 5個
長ねぎ … 1本
にんにく、しょうが … 各1かけ
A | 甜麺醤、しょうゆ、酒 … 各大さじ2
　| 砂糖 … 大さじ1
　| 豆板醤 … 小さじ1

作り方

1. Aは混ぜ合わせておく。
2. 薬味として使う長ねぎ、にんにく、しょうがはみじん切りにする。キャベツ、へたと種を取ったピーマンは乱切りにし、水洗いして水けをきる。
3. 豚肉に薄力粉大さじ4（分量外）を入れ、混ぜ合わせる。
4. 中華鍋を弱火で熱してごま油大さじ3（分量外）を入れ、2のみじん切りにした薬味をすべて入れて炒める。香りが出たら、**強火にして3を加えてよく炒め、肉全体がこんがりとしてきたら**、いったん取り出す。
5. **強火のままごま油大さじ2（分量外）を足し、2の残りの野菜を加えて1分ほど炒める。4の肉を戻し入れ、1を加えて手早くからめ**、全体によく炒め合わせる。

豚肉を炒め始めてから火加減はずっと強火のままで！

レシピ作者
なおモカ

1人当たり
457kcal

スタッフメモ　野菜は歯ごたえがあってシャキシャキ！豚肉はぷるっとやわらかい食感でした。

> **つくれぽ**
> 終始強火って使ったコトなかったケド最高！スゴく美味しく出来ました

つくれぽ
夫弁にin♡忙しい朝でも簡単に作れるのでお気に入りレシピです！

えびのチリソース
[一番簡単★エビチリ] レシピID 778212

材料 [2人分]

- むきえび … 200g
- 片栗粉 … 大さじ1
- ごま油 … 大さじ2

A
- 長ねぎ（小口切り）… 1本
- 豆板醤（お好みで）… 小さじ2/3
- にんにく（チューブ）… 3cm
- しょうが（チューブ）… 3cm

B
- 水 … 1/2カップ
- 顆粒中華スープの素 … ふたつまみ
- 片栗粉 … 大さじ1/2
- トマトケチャップ … 大さじ1½
- 酒、酢 … 各大さじ1
- オイスターソース … 小さじ1
- 鶏ガラスープの素 … 小さじ1

作り方

1. ポリ袋にえびを入れ、片栗粉を加えてふって全体にまぶす。
2. **フライパンにごま油を熱し、1の両面を焼く。** フライパンの空いているところにAを入れて一緒に炒める。
3. えびの色が変わったら、混ぜ合わせたBを加えて2分混ぜ、火を止める。

> えびを焼くときはあまりさわらないこと。

レシピ作者 バカゾク

1人当たり 259kcal

スタッフメモ えびがプリップリ！薬味もきいていて箸が止まりませんでした。

かに玉
[カニカマで♪簡単中華☆かに玉☆]
レシピID 2084158

> **つくれぽ**
> 冷蔵庫にある物ですぐ出来て♡あんが絶妙〜とても美味しかったです!

材料 [2人分]
- 卵 … 4個
- かに風味かまぼこ … 100g
- 鶏ガラスープの素 … 小さじ2
- ごま油 … 適量

A
- 水 … 1カップ
- 酒、しょうゆ … 各大さじ1
- 砂糖、酢 … 各小さじ2
- 片栗粉 … 適量

作り方
1. かに風味かまぼこは食べやすいように裂く。ボウルに卵を割り入れ、空気を含ませるようにして溶き、かに風味かまぼこと鶏ガラスープの素を加えて混ぜ合わせる。
2. フライパンにごま油を熱し、1を流し入れる。菜箸で全体をよくかき混ぜながら丸く広げて焼く。
3. 底面が固まってきたら火を弱め、ふたをして蒸し焼きにする。卵がふんわりとしたら火を止め、器に盛る。
4. Aを混ぜ合わせ、3と同じフライパンに流し入れて火にかける。**全体を混ぜ、ふつふつとしてとろみがついたら火を止め**、3にかける。

あんの固さはお好みで調節を!

レシピ作者
sayakunnn

1人当たり
363kcal

スタッフメモ　卵は空気を含ませるように溶いてあるので、加熱をしてもふわふわでした!

青椒肉絲

[豚こま★たけのこ★青椒肉絲] レシピID 1307454

材料 [作りやすい分量]

豚こま切れ肉（または豚薄切り肉）… 300g
たけのこ※ … 1/4 〜 1/2個（約150 〜 300g）
ピーマン … 1袋（5 〜 6個）
にんにく … 1かけ

豚肉の下味
　しょうゆ、酒 … 各小さじ1 〜 1½
　片栗粉 … 大さじ1½
　サラダ油 … 大さじ1

A｜しょうゆ … 大さじ1½ 〜 2
　｜塩 … 少々
　｜砂糖 … 大さじ1/2
　｜酒 … 大さじ3
　｜オイスターソース … 小さじ1

※たけのこをゆでる場合、皮つきのまま、先から3〜5cmを斜めに切り落とし、縦に1本深く切り込みを入れる。大きな鍋に米ぬかと赤唐辛子、たっぷりの水とともに入れ、火にかける。落としぶたをして1時間ほどゆで、火を止めてそのまま冷ます。室温まで冷めたら、たけのこを取り出して、水できれいに洗い、切り込み部分に手を入れて皮をむく。

作り方

1　Aは混ぜ合わせておく。
2　ピーマンはへたと種を取って細切りにし、たけのこもピーマンと同じくらいの長さや厚みに切る。にんにくは薄切りにする。
3　豚肉は1cm幅くらいに切り、しょうゆ、酒で下味をつける。炒める直前に片栗粉をまぶし、サラダ油をからめておく。
4　フライパンにサラダ油適量（分量外）を熱して、2の**にんにくを炒める。香りが出たら【コツ1】**、3を加えて炒める。
5　豚肉の色が変わったら、残りの2を加えてさらに炒める。全体に火が通ったら1を回しかけてからめ、火を止める。

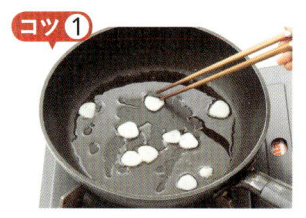

コツ①
にんにくは香りが出るまでじっくりと炒めて。

レシピ作者
ぷくっとぷくまる

全量で
1008kcal

つくれぽ
安い、美味しい、簡単、ボリューミー！また作ります！

スタッフメモ　お値打ち価格の豚肉でもおいしい！ピーマンの歯ざわりもシャキシャキでした。

焼き餃子

[＊簡単美味しい♡羽根つき手作り餃子＊] レシピID 2512217

材料 [50個分]

- 豚ひき肉 … 150g
- ごま油 … 大さじ1
- A
  - しょうが … 1かけ
  - にんにく … 1かけ
  - 塩、こしょう、みそ … 各大さじ1/2
  - しょうゆ … 25㎖
- キャベツ … 1/2個（500g）
- にら … 1/2束
- 餃子の皮 … 50枚
- 水溶き片栗粉
  - 水 … 130㎖
  - 片栗粉 … 小さじ1
- サラダ油 … 適量

作り方

1. ひき肉にごま油を加えてよく練り混ぜる。
2. キャベツはざく切りにしてから、フードプロセッサーにかけてみじん切りに、にらも同様にみじん切りにし、ともにいったん取り出す。
3. フードプロセッサーかミキサーにAを加えて撹拌する。1に加えて混ぜ、水けをしっかりと絞った2を加えてさらに混ぜる。
4. **餃子の皮に3をのせて包む。全部で50個作る。**
5. フライパンにサラダ油を中火で熱し、4を並べる。水溶き片栗粉をよくかき混ぜてから回しかけ、すぐにふたをしてやや強めの中火で4分焼く。
6. **ふたをはずしてサラダ油大さじ1を回しかけ、弱火でパリッとするまで焼く【コツ1】。**

たねは包んだらすぐ焼くこと！
すぐ食べない場合は冷凍庫で保存を。

コツ1
羽根がしっかりと浮いてきて、底がいい焼き色になるのが焼き上がりの目安。

レシピ作者
えん93

1個当たり
34kcal

スタッフメモ　パリパリの皮がとってもおいしく、ビールにもぴったりですね。

> **つくれぽ**
> 初めて羽付餃子に挑戦!簡単に羽が作れて感動しました(>_<)

えびのマヨネーズ炒め

[エビマヨwithブロッコリー] レシピID 1757954

はちみつの代わりに砂糖でもOK！

材料［3〜4人分］

えび（殻つき）… 20尾
ブロッコリー … 1株
A｜マヨネーズ … 大さじ4
　｜トマトケチャップ … 大さじ2
　｜**はちみつ … 大さじ1**
　｜レモン汁 … 小さじ2
片栗粉 … 適量

作り方

1. Aは混ぜ合わせておく。
2. ブロッコリーは小房に分け、お好みの固さにゆで、水けをきる。
3. えびは殻をむいて背わたを取り、背側に切り込みを入れる。
4. 3に片栗粉適量、塩適量（分量外）を加えてよくもみ、汚れを水で洗い流す。水けをよくふいてポリ袋に入れ、片栗粉約大さじ2（分量外）を全体にふってまぶす。
5. フライパンに少し多めの油（分量外）を熱し、4を入れて揚げ焼きにする。
6. えびに火が通ってきたら、余分な油をキッチンペーパーで吸い取る。2を入れてさっと炒め合わせ、1を加えてよくからめて火を止める。

レシピ作者
ゆめ。

1人当たり
339kcal

> **つくれぽ**
> 思わずおいしい連発♡初めてのエビマヨ♡大成功でした(^^)

スタッフメモ　はちみつ入りマヨソースがコク旨！お弁当にもおつまみにも大活躍しそう！

八宝菜

[失敗なし！とろ～りあん八宝菜] レシピID 271591

材料 [3人分]

- 豚こま切れ肉 … 150g
- もんごういか … 1枚
- 白菜 … 1/4株
- にんじん … 1本
- ピーマン … 3個
- 長ねぎ … 1本
- きくらげ（乾燥）… 6g
- しいたけ … 4個
- うずら卵水煮 … 6個
- にんにく … 1かけ

下味
- A｜酒 … 大さじ2
　｜塩 … 少々
- サラダ油 … 適量
- ごま油 … 少々
- B｜鶏ガラスープ … 1½カップ
　｜酒、しょうゆ … 各大さじ2
　｜オイスターソース、片栗粉 … 各大さじ1
　｜砂糖 … 小さじ1
　｜塩 … 少々

作り方

1. 白菜は縦半分に切り、食べやすい大きさのそぎ切りにする。
2. いかは皮をむき、表面に切り込みを入れ、食べやすい大きさに切ってAの下味をつける。豚肉にも同様にAをつける。
3. にんじんは皮をむき、薄い短冊切りにする。へたと種を取ったピーマン、石づきを取ったしいたけ、長ねぎは同じ大きさに揃えて切る。きくらげは水につけてもどし、食べやすい大きさに切る。にんにくは薄切りにする。
4. **ボウルにBを混ぜ合わせておく【コツ1】。**
5. 中華鍋にサラダ油を強火で熱し、3のにんにくと2を炒め、続けてにんにく以外の3を炒め合わせる。
6. 5に4を入れ、よく混ぜながらとろみをつける。うずら卵を入れてごま油を回しかけ、全体に混ぜ合わせて火を止める。

コツ 1

あらかじめ、調味料に片栗粉を混ぜ合わせておくと、あんがダマにならず失敗しない。

レシピ作者
monemaruku

1人当たり
325kcal

スタッフメモ　やさしい味わいのとろとろあんが美味。ご飯やめんにぜひかけて食べたいです。

つくれぽ

子供が「これ大好き♪」と言いながら、たくさん食べてくれました。

春巻き

[＊もやしと春雨の簡単春巻き♥揚げないよ＊] レシピID 1469727

材料［10本分］

豚ひき肉（または合いびき肉）… 250g
もやし … 1袋（200g）
春雨（乾燥・細いタイプ）… 80g
春巻きの皮 … 10枚
塩、こしょう … 各少々
A ┃ 水 … 80㎖
　┃ 酒 … 1/4カップ
　┃ 鶏ガラスープの素、砂糖
　┃ 　… 各小さじ2
　┃ ごま油 … 小さじ1
　┃ オイスターソース、しょうゆ、片栗粉
　┃ 　… 各大さじ1
　┃ しょうが（すりおろし）… 小さじ1
サラダ油 … 適量

もやしの代わりにキャベツや白菜、たけのこを使ってもOK!

作り方

1. 春雨は熱湯につけてもどし、水けをきってハサミで食べやすい長さに切る。もやしも水けをきり、ハサミで食べやすい長さに切る。
2. Aは混ぜ合わせておく。
3. フライパンを熱して油を入れずにひき肉を炒め、塩、こしょうをする。もやしを加えて強火で炒め、しんなりしてきたら、春雨を加えてまんべんなく炒め合わせる（フッ素樹脂加工されたフライパンの場合は油は不要）。
4. Aをもう一度混ぜてから3に加えて手早く混ぜ、春雨が程よく煮汁を吸ったら火を止める。
5. バットに4を移して広げ、十分冷ます。あらかじめ、木べらで筋を入れ、10等分にしておく。
6. 春巻きの皮で5を巻く（巻き方は春巻きの皮の袋の裏側に記載されている方法を参照）。
7. フライパンにサラダ油を熱し、6を入れて両面がパリッとするまで焼く。

レシピ作者
＊runmama＊

1本当たり
176kcal

スタッフメモ　揚げていなくても皮がパリッとしていてコクがあり、おいしかったです。

> **つくれぽ**
> 揚げ物苦手でお家で作れなかった春巻きができるなんて嬉しい〜♪

副菜

「だし巻き卵」、「春雨サラダ」、「ラタトゥイユ」など、毎日の献立作りがラクになる和洋中の副菜をご紹介。

だし巻き卵
[ふわふわ定番だし巻き卵] レシピID 253305

レシピ作者 けゆあ

1人当たり 102kcal

材料 [4人分]
- 卵（L玉）… 4個
- しょうゆ（できれば薄口しょうゆ）… 小さじ2
- 砂糖 … 小さじ2
- だし汁（湯に顆粒和風だしを溶かしたもので可）… 大さじ4

※お子さん用には砂糖を多めで

作り方
1. ボウルに卵を割り入れ、しょうゆ、砂糖、だし汁を加え白身を切るように混ぜる。
2. 卵焼き用のフライパンを熱し、やや多めのサラダ油（分量外）をひく。
3. 1の2/3の量を一気に流し入れ、大きく混ぜる。
4. **半熟状態になったら、奥側に寄せていき、卵焼きの形に整える。これを一度ひっくり返す【コツ1】。**
5. 残りの1を薄く流し入れてくるくると巻き、これを2〜3回くり返す。食べやすい大きさに切り分けて器に盛る。

コツ1 中をふんわりのいり卵にするとふっくら仕上がり、しかも手早くできる。

スタッフメモ 卵のフワフワ感がたまりません！そのうえ、手早くできて簡単でした。

> **つくれぽ**
> おかげで、出し巻きが食卓に上がる頻度が増えました(*^^*)

揚げ出し豆腐

[簡単☆めんつゆで揚げ出し豆腐] レシピID 2197140

材料 [2人分]
豆腐（木綿でも絹ごしでも）… 1丁
めんつゆ（2倍濃縮タイプ）… 1/2カップ
片栗粉 … 適量
油 … 大さじ3
水 … 2カップ
小ねぎ（小口切り）… 1本

作り方
1. 豆腐は水きりして4等分に切る。
2. 鍋にめんつゆと水を入れて火にかけ、煮立てる。
3. 1に片栗粉をまぶす。
4. フライパンに油を熱して3を入れ、**こんがりと焦げ目がつくまで両面を揚げ焼きにする**。
5. 器に4を盛り、2をかけて小ねぎを散らす。

> 豆腐は両面を焼くだけで側面は焼かなくてもOK。

レシピ作者　**カルピネット**

1人当たり **242kcal**

スタッフメモ　上品な味わいでした。しかも豆腐は揚げ焼きにするだけだから手軽ですね！

> **つくれぽ**
> めんつゆなのに旦那さんが出汁が最高!と言っていましたリピ決定☺

茶碗蒸し

[白だしだけで！ちゃちゃっと茶碗蒸し♪] レシピID 1003807

材料 [3人分]
- 卵 … 2個
- A　白だし … 大さじ2
　　水 … 1½カップ
- お好みの具材 … 適量
  ※今回はほうれん草1/2束、鶏肉30g、えび3尾、しいたけ1枚、かまぼこ3枚を使用

作り方
1. 具材を準備する。ほうれん草は600Wの電子レンジで1分加熱し、食べやすい長さに切る。鶏肉はひと口大に切り、酒適量（分量外）をかける。えびは殻をむく。しいたけは石づきを取り、3等分のそぎ切りにする。
2. ボウルに卵を割り入れ、白身を切るようにして混ぜる。Aを加えて混ぜ合わせ、こしておく。
3. 器に1を3等分にして入れ、2をそれぞれに注ぎ、アルミホイルでふたをする。
4. 鍋に水を2～3cm高さまで入れて3を並べる。**鍋にふたをして強火で加熱し、沸騰したらごく弱火で10分、さらに火を止めて余熱で10分おく。**

器が薄い場合沸騰する前に弱火にすると「す」が入らない。

レシピ作者　よっしー食堂

1人当たり 90kcal

つくれぽ
毎回失敗してたのがこのレシピで初めてうまくいきました♡リピ決定♡

スタッフメモ　蒸し器がなくても作れるのがいいですね。ぷるぷるの食感にうっとりしました。

牛肉のしぐれ煮

[牛肉のしぐれ煮]
レシピID 421365

つくれぽ
なんとご飯の進むこと！！お弁当にしても美味しそうですね。

材料 [作りやすい分量]
牛切り落とし肉（できれば和牛）… 200g
しょうが … 1かけ
A│しょうゆ … 大さじ3
　│みりん … 大さじ2
　│酒 … 大さじ2
砂糖 … 大さじ1

作り方
1 Aは混ぜ合わせておく。
2 牛肉は小さめに切る。しょうがはせん切りにする。
3 **鍋に油適量（分量外）を熱し**、牛肉を広げて入れ、しょうがを散らす。　→ 牛脂だとなおgood!
4 肉の上に砂糖をふり、すぐに1を回しかけて炒め煮にする。中火〜弱火で煮汁がなくなるまで焦がさないように煮て、火を止める。

レシピ作者　蓮ちゃん

全量で 305kcal

スタッフメモ　甘辛い味つけが美味。常備菜のレパートリーを増やしたい人におすすめです。

里いもの煮っころがし

[順番が要！おばあちゃんの里芋にっころがし]

レシピID 1024803

材料 [作りやすい分量]

- 里いも … 500g
- みりん … 大さじ3
- A
  - 顆粒和風だし … 小さじ1
  - しょうゆ … 大さじ3
  - 砂糖 … 大さじ4

作り方

1. 里いもは皮をむき、広口の鍋に入れる。Aを全体にからめてから強火にかける。鍋を回すなどして里いも全体に調味料をからめながら、煮つめる（多少焦げても問題なし）。
2. 煮つまってきたら**ひたひたの水、または湯（時短のため）を入れ**、落としぶたをして中火〜強火で煮る。
3. 泡が細かくブクブクして、竹串を刺してスッと通るようになったら、仕上げにみりんを加えてひと混ぜする。火を止めてふたをして蒸らす。

水を後入れすることで、色合いもよく、水っぽくもならずに仕上がる。少ない調味料でこっくりした味わいに。

レシピ作者
もーちゃん47330

全量で
552kcal

スタッフメモ　ツヤツヤでこっくりした味わい。水を後入れするワザ、マネしたいと思います。

かぼちゃの煮もの

[レンジにお任せでも本格的　かぼちゃの煮物]

レシピID 1928406

材料 [作りやすい分量]

- かぼちゃ … 1/4個（約350g）
- A
  - しょうゆ … 大さじ1〜1½
  - 砂糖 … 大さじ2
  - みりん … 大さじ1
  - 水 … 140ml

作り方

1. かぼちゃは種とわたを取り、約3cm角のひと口大に切る。
2. 深めの耐熱容器（盛りつける器で作るとラク）にAを入れてよく混ぜ合わせる。
3. **2に1をなるべく重ならないように皮を上にして並べ、ふんわりとラップをかけて、700Wの電子レンジで6分ほど加熱し、さらに、150Wに下げて（弱にして）10分ほど加熱する**（加熱後、しばらくおくと味がよくしみる）。

W数を変えてゆっくり加熱するとかぼちゃの甘みが引き出され、ホクホクの仕上がりに。

レシピ作者
スタイリッシュママ

全量で
412kcal

スタッフメモ　煮くずれせず、甘くてしっとり！これが電子レンジだけで作れるのはうれしいですね。

> **つくれぽ**
> ほんとおばあちゃんの味!懐かしさで更に美味しく感じました☆

> **つくれぽ**
> すぐにできてお鍋を洗わなくて良いのが嬉しい♪またリピしますね!

なすの焼きびたし

[話題入!!じゅわ～♡なすの煮浸し] レシピID 2287346

材料 [作りやすい分量]
- なす … 2～3本
- A
  - だし汁 … 1カップ
  - しょうゆ … 大さじ3
  - みりん … 大さじ3
  - しょうが（すりおろし・チューブでも可）
    … 小さじ1

作り方
1. なすはへたを取り、縦半分に切ってから**斜めに切り目を入れる**。食べやすい長さに切り、お好みでアクを抜く。
2. フライパンに油適量（分量外）を熱し、なすの皮目を下にして入れる。焼き色がついたら裏返す。
3. 両面に焼き色がついたらAを加え、ふたをして10分ほど煮て火を止める。
4. 煮汁ごと器に盛り、お好みで小ねぎの小口切り適量（分量外）を散らす（冷やして食べてもおいしい）。

切り目を入れすぎると、煮た後にちぎれやすくなってしまうのでほどほどに。

レシピ作者
777mam

全量で
248kcal

つくれぽ
ナス嫌いの娘がおかわりしてくれて驚き！嬉しい！ありがとうです！

スタッフメモ おいしい煮汁を吸ったなすは絶品。今度は冷やして食べてみようと思います。

きんぴらごぼう

[おばあちゃんの味♪きんぴらごぼう♪] レシピID 736857

材料 [作りやすい分量]

- ごぼう … 1½本
- にんじん … 1本
- 砂糖（てんさい糖）… 大さじ2
- しょうゆ … 大さじ1½
- みりん … 大さじ1/2
- ごま油（またはサラダ油）… 適量
- 一味唐辛子（お好みで）… ひとつまみ
- いりごま（白・お好みで）… ひとつまみ

作り方

1. ごぼうはよく洗い、にんじんは皮をむき、ともにせん切りにする。
2. フライパンにごま油（またはサラダ油）を熱し、1をよく炒める。
3. **全体に油が回ったら、砂糖を加え、ほぼ火が通るまでじっくりと炒める。**
4. しょうゆ、みりんを加えて水分がなくなるまで炒めて火を止める。器に盛り、お好みで一味唐辛子、いりごまをふる。

> ここで甘みだけをギュッと入れて。

レシピ作者
ふわり日和

全量で 391kcal

つくれぽ
砂糖を入れてしっかり炒めると味がしみこんでおいしいですね♪

スタッフメモ　素朴な味つけで、作っておくと便利な定番副菜！お弁当のおかずにも◎。

小松菜と油揚げの煮びたし

[しみじみおいしい♥小松菜と油揚げの煮浸し]
レシピID 3660053

材料 [作りやすい分量]

- 小松菜 … 1束
- **油揚げ … 1枚**
  - 厚揚げやさつま揚げ、じゃこでもおすすめ。
- A
  - 水 … 1～1½カップ
  - 顆粒和風だし … 小さじ1
  - しょうゆ … 大さじ1強
  - みりん、酒 … 各大さじ1
  - 砂糖 … 小さじ1

作り方

1. 小松菜は洗って根元を切り落とし、5cm長さに切って軸と葉先を分ける。
2. 油揚げは熱湯を回しかけて油抜きし、水けを絞って細切りにする。
3. 鍋にAを入れて煮立て、2と、小松菜の軸を加えてさっと煮る。葉先も加え、ひと煮立ちしたら火を止め、そのまま味をなじませる。器に盛り、煮汁をかける（ひと晩おくと味がしみてさらにおいしい）。

レシピ作者 ちさぷー

全量で 175kcal

スタッフメモ　小松菜をたっぷり食べられてヘルシー！油揚げのほどよいコクもごちそうですね。

ほうれん草のおひたし

[ほうれん草の生姜おひたし]
レシピID 2983341

材料 [作りやすい分量]

- ほうれん草 … 1束
- A
  - しょうが（すりおろし）… 小さじ1
  - **めんつゆ（2倍濃縮）… 大さじ1½ ～ 2**
    - 水を加えたときにちょっと薄めくらいの味が◎。
  - 水 … 大さじ4

作り方

1. ほうれん草は熱湯でゆでて、いったん水にとる。水けを絞って根元を切り落とし、3 ～ 4cm長さに切り、器に入れる。
2. Aを混ぜ合わせてたれを作り、1/3量を1に混ぜ合わせる。
3. **器からほうれん草をいったん取り出して両手で汁けをぎゅっと絞り**、器に戻す。残りのたれをかけて少し混ぜる。
   - 一度たれと合わせてからほうれん草の汁けを絞るのがコツ。

レシピ作者 しおとも

全量で 64kcal

スタッフメモ　味つけはめんつゆとしょうがだけ。手軽に作れてうまうまでした。

つくれぽ

栄養たっぷりの小松菜をさっぱり美味しくいただけましたぁ^^♥

つくれぽ

生姜の風味がたまりません(ﾉ∀`)これからのお浸しはコチラで!

ひじきの煮もの

[◎定番　ひじきの煮物]
レシピID 292300

つくれぽ
ひじきが好きでない旦那様もお店より美味しいと言ってくれました。

材料 [作りやすい分量]

- ひじき（乾燥）… 30g
- 油揚げ … 1/2枚
- にんじん … 4cm
- 大豆水煮、ゆで枝豆、コーンなど … 各適量
- ちくわ、さつま揚げなど … 各適量

A
- 水 … 1カップ
- 顆粒和風だし … 小さじ1
- 砂糖、酒、みりん … 各大さじ1
- しょうゆ … 大さじ2

しいたけやグリーンピースを入れてもおいしい。

作り方

1. ひじきは袋の表示通りに水でもどし、ざっと洗って水けをきる。油揚げは熱湯を回しかけてギュッと絞り、油抜きをする。
2. 1の油揚げ、皮をむいたにんじん、さつま揚げを細切りにする。ちくわは輪切りにする。
3. 鍋にごま油少量（分量外）を熱し、ひじきとにんじんを入れて中火で炒める。A、油揚げ、大豆水煮、ちくわ、さつま揚げ、コーンも加える。
4. 途中で何回か全体を返し、汁けが少なくなるまで煮る。最後にお好みでゆで枝豆やグリーンピース適量（分量外）など緑の具材を入れ、火を止めてそのまましばらくおいて味を含ませる。

レシピ作者
ちさぷー

全量で
396kcal

スタッフメモ　具だくさんで食べるとほっこりする、まさにおふくろの味でした。

白あえ

[おばあちゃんの味♪ほうれん草の白和え]

レシピID 4869677

つくれぽ
この味最高！ふんわり柔らか白和えですね。人参も入れてみました。

材料 [ほうれん草1束分]

ほうれん草 … 1束
絹ごし豆腐 … 1/2丁

A
| すりごま（白） … 大さじ2
| しょうゆ … 小さじ1/4
| 塩 … 小さじ1/2
| 砂糖、かつお節 … 各少々

作り方

1. 豆腐はキッチンペーパーにくるみ、冷蔵庫で30分おいて水きりをする。
2. ほうれん草はよく洗う。グラグラ沸いたたっぷりの湯に根元から入れて2分ゆでる。
3. ゆであがったら冷水で冷やし、水けをよく絞って5cm長さに切る（根元のピンクの部分はお好みで取り除く）。
4. **ボウルに1と3、Aを入れて混ぜる**。味を見て、塩適量（分量外）で味をととのえる。

豆腐は手でつぶしながら、ほうれん草とよくからむようにあえて。

レシピ作者
ayabian

全量で
248kcal

スタッフメモ　すりごまがアクセントになっていて、何度も食べたくなる味わいでした。

> **つくれぽ**
> おからに味がよく染みて美味しい^ ^ ヘルシーなのも嬉しいです！

> **つくれぽ**
> おくらは胡麻と合うんですね！新しい美味しさを発見しました♪

炒り卵の花
[しっとりおいしい卵の花＊おからの炒り煮＊]
レシピID 1949906

材料［4〜5人分］
おから … 250g
にんじん … 1/3本
こんにゃく … 1/2枚
油揚げ … 1枚
小ねぎ … 約3本

A｜酒、みりん … 各大さじ3
　｜砂糖 … 大さじ2
　｜**しょうゆ … 大さじ2強**
　｜**塩 … 小さじ1/2**
　｜顆粒和風だし … 小さじ1
　｜水 … 1¼カップ
油 … 適量

> しょうゆ、塩の分量はお好みで加減して。

作り方
1. こんにゃく、皮をむいたにんじんは長さ2cmくらいの細切りにし、こんにゃくは下ゆでしておく。
2. 油揚げは熱湯を回しかけて油抜きをし、長さ2cmくらいの細切りにする。小ねぎは小口切りにする。
3. フライパンに油を熱して1を炒め、にんじんがしんなりしてきたら、油揚げを加えて炒め合わせる。
4. 3におからを入れてほぐしながら炒める。Aを加え、水けがなくなるまで木べらなどで混ぜながら炒め煮にする。全体にしっとりとしてきたら、小ねぎを加えて火を通す。

レシピ作者 まんまるまうちゃん

1人当たり **115kcal**

スタッフメモ　具材がたっぷりで栄養満点！しっとりした口当たりはクセになりますね。

ごまあえ
[おくらの胡麻和え]
レシピID 778191

材料［2人分］
オクラ … 1パック

A｜めんつゆ（3倍濃縮）… 大さじ1
　｜水 … 大さじ1/2
　｜**砂糖 … 小さじ1/2**
　｜すりごま（白）… 大さじ1強〜お好みで

> めんつゆの種類によって甘さが足りているときは、砂糖なしでもOK！

作り方
1. **オクラはへたの固い部分は包丁でむき、塩適量（分量外）で軽くすってうぶ毛を取る【コツ1】。**
2. 沸騰した湯に塩少々（分量外）を入れ、1を少し固めにゆで、ざるにあげる。
3. 2を食べやすい大きさに切ってAであえる。

コツ1

へたを除くと見た目がきれいになる。うぶ毛を取るとおいしさもアップ。

レシピ作者 putimiko

1人当たり **54kcal**

スタッフメモ　あともう1品足りないときにパパッとできるのが魅力ですね。

きゅうりとわかめの酢のもの

[簡単♪酢の物♪]
レシピID 617792

つくれぽ
旦那絶賛♪簡単だしあと一品て時に助かりました♪また作ります♪

材料 [作りやすい分量]

- わかめ (乾燥) … 20～30g
- きゅうり … 1本
- 塩 (きゅうり用) … 少々
- A
  - 砂糖 … 大さじ2弱
  - 酢 … 大さじ4
  - 塩 … ふたつまみ
  - 薄口しょうゆ … 小さじ1/2
- かに風味かまぼこ … 2本
- いりごま (白) … 適量

作り方

1. わかめは水でもどし、食べやすい大きさに切る。きゅうりはスライサーで薄切りにし、塩をふってしばらくおく。
2. Aは混ぜ合わせておく。●------- 必ず味見をしてお好みの味わいに。
3. 2に水けを絞った1とちぎったかに風味かまぼこ、いりごまを加えてあえる。

レシピ作者
ゆうかりコアラ

全量で
149kcal

スタッフメモ　定番の酢のもので味にはずれなし！彩りで入れたかに風味かまぼこもgood！

つくれぽ
この漬物買って来たの？って言われちゃいました。リピ決定^_^

きゅうりの浅漬け

[材料2つ 簡単きゅうりの浅漬け]

レシピID 1809657

材料 [作りやすい分量]
きゅうり … 2本
塩 … 小さじ1/2
砂糖 … 小さじ1

砂糖と塩の分量を2：1にするとやさしい味つけに。

作り方
1 きゅうりは食べやすい大きさの斜め切りにし、ポリ袋または保存袋に入れる。
2 1に塩と砂糖を入れてふってなじませ、冷蔵庫で30分おく。

レシピ作者
ありかん

全量で
40kcal

スタッフメモ　塩と砂糖の比率が覚えやすい！しかも冷蔵庫でねかせるだけだから簡単でした。

ラタトゥイユ

[夏野菜がた〜ぷり♪ラタトゥイユ] レシピID 270238

材料 [4〜5人分]
トマト … 2〜3個 ● ─── トマトはクッキングトマト、普通のトマト、トマト水煮缶でもOK!
ズッキーニ … 1〜2本
ピーマン（パプリカでもOK）… 2個
玉ねぎ … 1個
ツナ缶（オイル漬け）… 小1缶
にんにく（みじん切り）… 1かけ
オレガノ、塩 … 各少々
粗びき黒こしょう … たっぷり

作り方

1. トマトは皮が気になる場合はむき、へたを取って食べやすい大きさに切る。ズッキーニはへたを取ってから縦半分に切り、1cm幅くらいの半月切りにする。
2. 玉ねぎ、へたと種を取ったピーマンはトマトの大きさに合わせて切る。
3. 厚手の鍋を弱火で熱してツナ缶のオイルを入れ、にんにくを炒める。香りが出たら、1と2を入れて中火で炒め合わせる。ツナも入れて全体に油が回ったら、オレガノを入れてふたをして煮る。
4. 沸騰してきたら弱火にして15〜20分コトコト煮込む（野菜から水分がたくさん出てくるので水はなし）。**ときどき具材を混ぜ**、具材全体に火が通って水分が少なくなったら、塩、粗びき黒こしょうで味をととのえ火を止める。

ときどき具材を混ぜて焦げないように気をつけて。

レシピ作者
chakoママ

1人当たり
98kcal

> **つくれぽ**
> 野菜の甘みとツナがうまく融合して、いい味でした。ありがとう。

スタッフメモ　スープの素がなくても、ツナを使えばだし代わりになり、コクも増していました！

ポテトサラダ

[おいしくできる＊まろやかポテトサラダ＊] レシピID 1521044

材料 [作りやすい分量]

- じゃがいも … 約5個
  （皮をむいた状態で500g）
- きゅうり … 1本
- ハム … 8枚
- 卵 … 2個
- A | サラダ油 … 大さじ1
    | 塩 … 小さじ1〜
    | こしょう … 少々
    | 酢 … 大さじ1
- B | マヨネーズ … 大さじ6〜
    | 牛乳 … 大さじ2〜
    | 砂糖 … 小さじ1

作り方

1. じゃがいもは皮をむいて4〜6等分に切る。ポリ袋に入れて（または耐熱容器に入れラップをかけ）、電子レンジでやわらかくなるまで8〜10分加熱する。
2. ボウルに熱々の状態の1を入れ、Aを加えてつぶしながら混ぜ合わせ、下味をつける【コツ1】。
3. 2のじゃがいもが常温に冷めるまでの間に、卵をかたゆでのゆで卵にする。殻をむいて軽く刻んでおく。ハムは1cm角に切る。
4. きゅうりは小口切りにして塩少々（分量外）をふり、なじませる。しんなりしてきたら、軽く流水で洗い、水けを絞る。
5. 2に4、ハム、ゆで卵、Bを加えて混ぜ、冷蔵庫で冷やす。

コツ①

じゃがいもは熱いうちに下味をつけるのがポイント。

スタッフメモ じゃがいもに下味をつけることで、味全体にメリハリが出ておいしかったです。

レシピ作者
＊runmama＊

全量で
1331kcal

つくれぽ

いつものポテサラより美味しい〜と褒めてもらいました。ありがとう♬

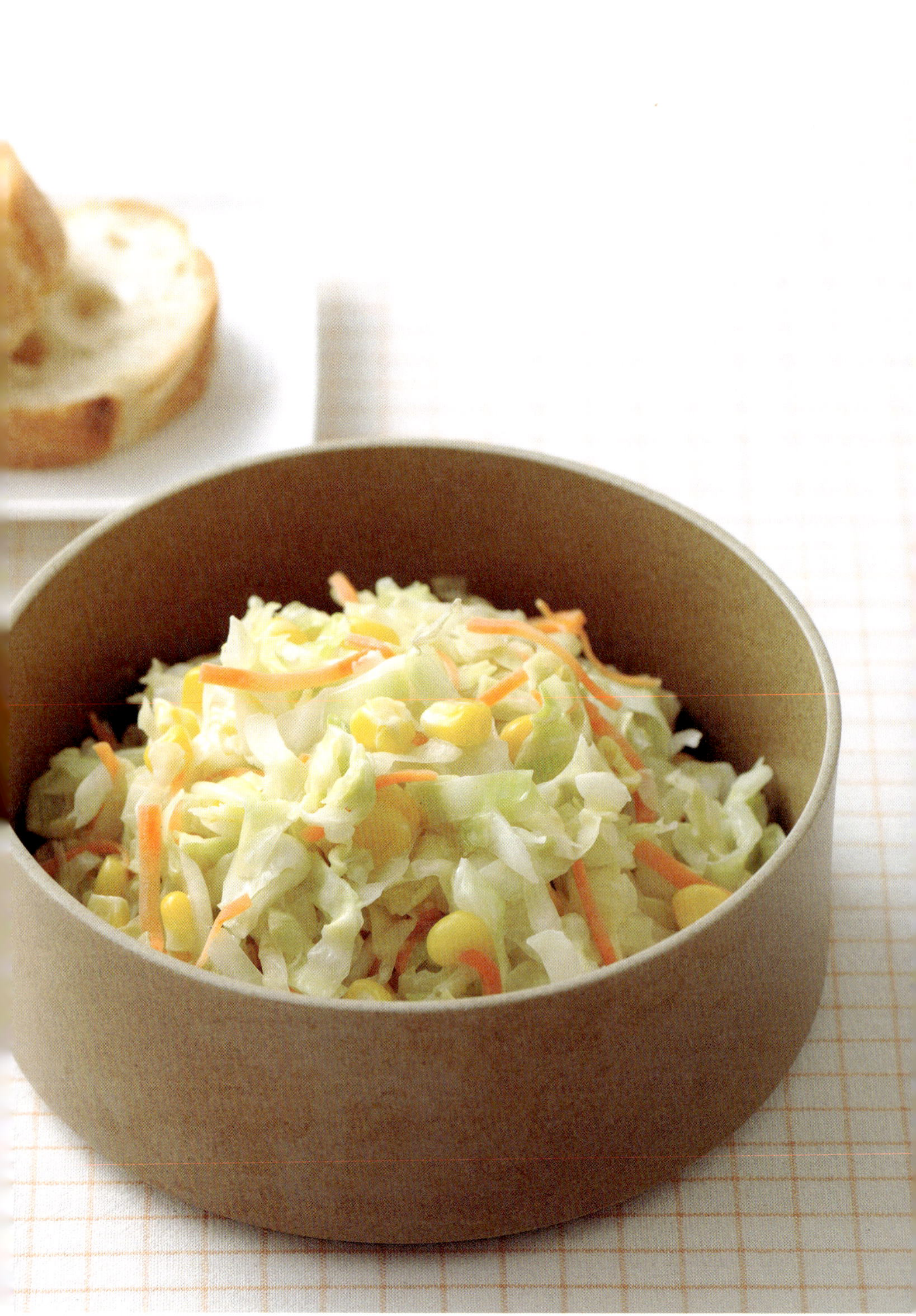

コールスロー

[すし酢で♪モリモリ食べれるコールスロー★] レシピID 1042677

材料 [2〜3人分]
- キャベツ … 小1/2個
- にんじん … 3cm
- コーン缶 … 1/2缶
- すし酢 … 大さじ2
- マヨネーズ … 大さじ1
- 塩、こしょう … 各少々

作り方
1. キャベツは長さを半分に切り、太めのせん切りにする。
2. にんじんは皮をむいて細切りに、コーン缶は汁をきる。
3. 密閉できるファスナーつき保存袋に1とにんじんを入れ、すし酢を加えて少しもみ込み、15分ほどおく【コツ1】。
4. 3から野菜を取り出して、水分をしっかりと絞ってボウルに移す【コツ2】。
5. 4にコーン、マヨネーズを加えて全体をざっと混ぜ、塩、こしょうで味をととのえる。

コツ1
すし酢を野菜のマリネ液として使うと、より美味しく、食べやすい味に。

コツ2
マリネした野菜の水けはしっかりと絞って。こうすると時間がたってもベチャベチャにならない。

つくれぽ
マヨネーズ抑えめなのに、すし酢で旨みが出ておいしい！！

レシピ作者 トイロイロ

1人当たり 121kcal

スタッフメモ すし酢でマリネするアイデアが手軽でラク！これはやみつきになりますね。

マカロニサラダ

[とろっとろソースのマカロニサラダ]

レシピID 242554

> **つくれぽ**
> 時間がたっても、ポソポソしなくて、美味しかったです♪

材料 [4人分]

- マカロニ (乾燥) … 200g
- レタス … 3枚
- ハム … 3〜4枚
- プロセスチーズ … 3〜4切れ
  ※写真はブロックタイプで約33g使用
- 玉ねぎ … 1/2個
- ドレッシング … 大さじ2
- A
  - マヨネーズ … 100g
  - プレーンヨーグルト … 大さじ2
  - **牛乳 … 大さじ2〜**
  - マスタード … 小さじ1/2
  - こしょう … 少々

保存するときは牛乳を少し多めにするのがおすすめ。

作り方

1. マカロニは袋の表示時間通りにゆでる。その間にハムとチーズは5mm幅に切り、玉ねぎは薄切りにする（玉ねぎの辛味が苦手な人はマカロニと一緒にゆでてもOK）。レタスは1cm幅などに切り、器に敷いておく（写真は切らずに添えている）。
2. ゆであがったマカロニをざるにあげ、水けをきる。ボウルに入れてドレッシングであえて粗熱をとる。
3. 別のボウルにAをすべて入れて混ぜ合わせる。2、ハム、チーズ、玉ねぎを加えて混ぜ合わせ、1の器に盛りつける。

スタッフメモ　ヨーグルトの入ったマヨネーズソースが激うま！しばらくはまりそうです。

レシピ作者　あやこな

1人当たり　405kcal

たこのマリネ
[簡単♪タコと玉ねぎのマリネ]
レシピID 581575

つくれぽ
さっぱりしてて箸休めにとってもいいですね♪美味しかったです。

材料 [3〜4人分]
- ゆでだこ（生食用）… 150g
- 玉ねぎ … 大1/2個
- にんにく（薄切り、なくても可）… 1かけ
- パセリ（みじん切り、なくても可）… 少々
- A
  - 酢（りんご酢または米酢）… 大さじ2
  - 砂糖 … 大さじ1
  - 塩 … 少々
  - 粗びき黒こしょう … 適量
  - オリーブオイル … 大さじ1½

コツ1
仕上がりが水っぽくなるのでたこの水かき（吸盤の裏側の膜）を取り除く。

作り方
1. 玉ねぎは繊維にそって薄切りにする（辛味やにおいが気になる場合は、水にさらし、水けをきる）。**たこは水かきの部分を取り除き、そぎ切りにする【コツ1】。**
2. ボウルにAを入れてかき混ぜ、さらに1とパセリ、にんにくを加えてしっかりと混ぜる。ラップをかけて冷蔵庫でよく冷やす（1日おくと玉ねぎがなじんで、まろやかになる）。

レシピ作者：ぎまーる

1人当たり 104kcal

スタッフメモ　おもてなしにも前菜にも使えるオシャレなひと皿でした。

トマトと卵の炒めもの

[定番！中国人ちのトマトと卵炒め]
レシピID 1173675

> **つくれぽ**
> マンネリ化してたまご料理に新風を吹き込んでくれました！美味しい

材料 [2人分]

- トマト … 大2個
- **塩 … 小さじ1/2**
- サラダ油（トマト用）… 大さじ1½
- A
  - 卵（Lサイズ）… 3個
  - 花椒粉 … ふたつまみ
    （なければ塩、こしょう適量でもOK）
  - 塩 … 小さじ1/3
  - 水 … 大さじ1
- サラダ油（卵用）… 大さじ3

> 多めの塩で炒めるとトマトの酸味が引き立つ！トマトの大きさによって塩の分量を調節して。

作り方

1. トマトはへたを取り、くし形切りにする。
2. ボウルにAを入れて泡立つくらいまで溶きほぐす。中華鍋にサラダ油（卵用）を強めの中火で熱し、溶きほぐした卵液を入れて大きく混ぜながら炒め、いったん取り出す。
3. 2の中華鍋にサラダ油（トマト用）を中火で熱し、1と塩を入れてしんなりとするまで炒める。2を戻し入れ、さっと炒める。

レシピ作者　ベル★

1人当たり **419kcal**

スタッフメモ　材料2つで作れるうえ、トマトの酸味が引き立つシンプルな味つけがgood!

春雨サラダ
[※我が家の春雨サラダ※]
レシピID 1698951

つくれぽ
給食の味を思い出しました♪なつかしい味で美味しく頂きました❤

材料 [2人分～]
春雨（乾燥）… 1/2袋～（50g～）
きゅうり … 1/2本～
ハム … 4枚～
卵 … 1個～
塩 … 少々
油 … 適量

A│しょうゆ … 大さじ3
 │酢 … 大さじ2
 │ごま油 … 大さじ1
 │砂糖 … 大さじ1～2
 │顆粒和風だし … 小さじ1/2
 │水 … 大さじ1
いりごま（白）… 適量

作り方
1. 春雨は袋の表示時間通りにゆでて水けをきり、食べやすい長さに切る。
2. Aは混ぜ合わせておく。
3. 卵は溶きほぐして塩を混ぜ、油を熱したフライパンに入れて、炒り卵を作る。
4. きゅうり、ハムは食べやすい長さの細切りにする。
5. ボウルにすべての材料と2を入れてあえ、仕上げにお好みでいりごまを混ぜる。

レシピ作者
TWOHEARTS

1人当たり
282kcal

スタッフメモ 具だくさんでほっとする、満足度の高いサラダでした。

ごはん・めん・パン

えびピラフ

[簡単！お手軽！炊飯器だけでエビピラフ☆]

レシピID 1885178

材料［2合分］

- 米、水 … 各2合分
- 冷凍ボイルえび … 約80～90g
- 酒 … 大さじ1
- 玉ねぎ … 1/4個
- にんじん … 1/4本
- にんにく … 小1かけ
- A
  - 顆粒コンソメスープの素 … 小さじ2
  - （固形コンソメスープの素なら2個）
  - 塩、こしょう … 各少々
  - バター … 1かけ
  - ローリエ（あれば）… 1枚
- B
  - 顆粒コンソメスープの素 … 小さじ1
  - （固形コンソメスープの素なら1個）
  - バター … 1かけ
- グリーンピース … 約大さじ2

作り方

1. えびに酒をふる。玉ねぎと皮をむいたにんじんは5～7mm角に、にんにくはみじん切りにする（チューブならそのままでOK）。
2. 研いだ米は炊飯器の釜に入れ、規定量のラインより2mm程度少なく水を入れる。
3. 2にA（固形コンソメは砕く）を入れ（かき混ぜなくてよい）、1も加えて平らにしてから、炊飯器のスイッチを押す。
4. 炊き上がったら、B（固形コンソメは砕く）とグリーンピースを入れて混ぜ合わせる【コツ1】。

「えびピラフ」や「親子丼」をはじめ、「サンドイッチ」や「チキンカレー」など、編集部イチ押しのワンディッシュメニューを選びました。

レシピ作者
りえままさん

全量で
1385kcal

スタッフメモ　食べてみて、後入れのコンソメとバターがポイントになるのがわかりました！

つくれぽ
海老の風味が、とっても美味しい、忙しい時にも豪華でいいですね♪

コツ①
後入れのコンソメとバターで味わいがグンとアップ。グリーンピースも後入れすると色がきれいに。

炊き込みご飯

[鶏ごぼうの炊き込みご飯] レシピID 763868

材料 [2合分]

米 … 2合
鶏もも肉 … 1枚
ごぼう … 1本
油 … 大さじ1
A | しょうゆ … 大さじ2
　| みりん … 大さじ2
だし汁 … 2カップ弱 ●
しょうゆ … 大さじ1

> だし汁（水加減）は白米の炊飯より、1割増しにするとよい。

作り方

1. **米は洗って研いで30分～1時間吸水させ、ざるにあげてしっかりと水けをきる。**
2. 米を水きりしている間に、鶏肉は2cm角に切る。ごぼうはよく洗って皮をこそげ取り、ささがきにして水にさらす。
3. 鍋に油を熱して鶏肉を炒め、肉の色が変わったら、ごぼうを加えて炒め合わせる。
4. ごぼう全体に油が回ったら、Aを加えて弱めの中火で味がしみるまで5～6分煮る。
5. 炊飯器に1を入れ、米の上に4の具材をのせる。だし汁としょうゆを加えて炊く。

> この手間で仕上がりが水っぽくならず、おいしい味が米に入る。

レシピ作者
わんこmama

全量で
1704kcal

スタッフメモ　甘辛味は冷めてもおいしかったです。翌日はおにぎりにしていただきました。

> **つくれぽ**
>
> めちゃくちゃ美味。旦那もパクパク。明日も食べるからって残り確保！

親子丼

[めんつゆでウマっ！簡単！親子丼！]

レシピID 977993

材料［2人分］

- 鶏もも肉 … 1枚
- 玉ねぎ … 1/2個
- 卵 … 3個
- もみ海苔 … 適量
- A
  - めんつゆ（3倍濃縮）… 1/4カップ
  - 水 … 1/2カップ
  - 砂糖 … 大さじ1

作り方

1. 玉ねぎは繊維を断つようにして5mm幅に切る。鶏肉はひと口大に切る。
2. フライパンにAを煮立たせ、1を煮る。肉に火が通ったら、卵2個を粗く溶きほぐして入れる。
3. **時間差で残りの卵も溶きほぐして入れ【コツ1】**、火を止めてふたをする。
4. 丼に温かいご飯適量（分量外）をよそい、3をのせてもみ海苔ものせる。お好みで七味唐辛子適量（分量外）をふる。

レシピ作者
izakeiji

1人当たり(具のみ)
320kcal

コツ①

2回目の溶き卵を加えたら火を止め、ふたをして余熱で火を通すと、とろりとした仕上がりに。

つくれぽ

なんだかんだでめんつゆが1番美味しい！我が家の定番にします！

スタッフメモ 時間差で卵を加えるワザはぜひ参考にしたいです。ふわとろ感は格別でした。

> **つくれぽ**
> 絶品！お陰様で外国人の私もこんな美味しい牛丼を作れるんです！感謝

牛丼
[家の黄金比率！絶品牛丼♡]

レシピID 1180925

材料 [4〜5人分]
牛バラ薄切り肉など … 500g
玉ねぎ … 1個　●-----お好みでしらたきを加えても◎。
A｜水 … 1½カップ
　｜顆粒和風だし … 小さじ1
　｜しょうゆ、酒、砂糖、みりん … 各大さじ3
紅しょうが … 適量

作り方
1　玉ねぎは薄切りに、牛肉は幅4cmくらいに切る。
2　フライパンにAをすべて入れ、沸騰させる。
3　沸騰したら1を入れ、落としぶたをして中火で20〜30分ぐつぐつ煮つめる。
4　丼に温かいご飯適量（分量外）をよそい、3をたっぷりとのせ、紅しょうがを添える。

レシピ作者
なおモカ

1人当たり（具のみ）
350kcal

スタッフメモ　合わせ調味料の量が覚えやすく、料理ビギナーの人でも簡単に作れますね。

パエリア

[フライパンで簡単パエリア♪] レシピID 8799722

材料 [3人分]
鶏もも肉 … 1枚
えび (殻つき) … 5尾
いか … 1杯
あさり (殻つき) … 適量
玉ねぎ … 1/2個
パプリカ (赤) … 1個
にんにく … 1かけ
トマト水煮缶 (ホール) … 1/2缶 (約200g)
オリーブオイル … 大さじ3
米 … 2合
固形ブイヨンスープの素 … 2個
水 … 1½カップ
お好みでバジル、レモン … 各適量
サフラン … ひとつまみ

作り方

1 あさりは砂抜きしておく。

2 鶏肉はひと口大に切る。いかは下処理して輪切りにする。玉ねぎは薄切りに、パプリカはへたと種を取り、縦半分に切ってから食べやすい大きさに切る。にんにくはみじん切りにする。

3 フライパンにオリーブオイルを入れ、にんにく、玉ねぎを炒める。鶏肉と米 (洗わなくて良い) を入れ、米が透き通るまで炒める。

4 いか、えび、パプリカを加えて炒め、トマト水煮を手でつぶしながら、汁ごと加える。

5 **ブイヨンを水で溶かして加え**、サフランも加える。強火で5分炊いたら、あさりを加えてふたをし、弱火で15分炊く。炊き上がったら、さらに5分蒸らし、お好みでちぎったバジルとくし形切りのレモンをのせる。

溶かさないとダマになるので注意。

レシピ作者
リオカラ

1人当たり
785kcal

つくれぽ

フライパンひとつでできるので、助かります☆ありがとうございます

スタッフメモ　魚介の旨みがたっぷりでパラリと炊けました。見た目も華やかで◎。

オムライス

[＊簡単＊褒められ＊ふわふわオムライス]

材料 [2人分]

チキンライス
- 米 … 2〜2.5合
- 鶏肉やウインナーソーセージ … 好きなだけ
  - ※写真は鶏肉を100g使用
- 玉ねぎ … 大1/2個
- にんにく（あれば）… 1かけ
- トマトケチャップ … 適量（約大さじ5）
- 塩 … ひとつまみ
- 粗びき黒こしょう … 約3ふり

ふわトロ卵（1人分）
- 卵 … 2〜3個
- マヨネーズ … 約5cm
- 牛乳 … 大さじ2
- バター … 10g

卵は女性なら2個、男性なら3個がおすすめ。

作り方

1. チキンライスを作る。米はできたら硬めに炊く（冷やご飯でもOK）。
2. 玉ねぎはみじん切りに、鶏肉はひと口大に、ウインナーの場合は5mm幅の薄切りにする。あればにんにくはみじん切りにする。
3. フライパンに油（分量外）とにんにくを入れて火にかける。
4. たまねぎを加えて弱めの中火で炒める。
5. 玉ねぎがしんなりして透き通ってきたら、鶏肉やウインナーを加え、さらに炒めて火を通す。塩で味をととのえ、炊いた米を入れて全体に具材がゆきわたるように混ぜる。
6. 5にトマトケチャップを加え、全体になじむように混ぜながら炒め、粗びき黒こしょうを加える。茶碗など椀型の器に入れ、皿にひっくり返して型抜きをする。
7. ふわトロ卵を1人分ずつ作る。ボウルに卵を溶きほぐし、牛乳、マヨネーズを加え、よく混ぜる。
8. 小さめのフライパン（できたらフッ素樹脂加工のもの）をよく熱する。バターを入れ（切れているバターなら1かけ）、ぐるっとフライパンを回しながら溶かす。
9. バターが溶けきる前（固形のままのバターが残っているうち）に弱火にし、7を入れる。5秒触らずに待ったら、**菜箸でフライパンのふちから中心の方へ大きくグルグル10秒ほど混ぜる**【コツ1】。そのまま触らず10秒おく。
10. 火を止めて菜箸で卵のふちをフライパンからはがし、フライ返しなどを使って6の上へスライドさせてのせる。お好みでトマトケチャップ適量、パセリのみじん切り少々（各分量外）をかける。

コツ1 フライパンを前後に動かしながら、スクランブルエッグを作る要領で10秒ほど混ぜる。

レシピ作者 kanap0m

1人当たり 963kcal

スタッフメモ　ふわふわの卵を作るコツがわかりやすい！バターの風味も最高でした。

つくれぽ

彼においしいと言ってもらいました。オムレツがうま過ぎでした♡

いなりずし

[我が家のお稲荷さん。とてもジューシー♪]

レシピID 1687867

つくれぽ
大好きジューシーお稲荷♪息子の幼稚園弁当にも！N！私もランチに♪

材料 [4個分]
油揚げ … 2枚
A｜水 … 1カップ
　｜酒 … 1/2カップ
　｜砂糖 … 大さじ3〜
　｜しょうゆ … 大さじ2

コツ① 袋の上にめん棒をおいて転がすと手が汚れない。

作り方
1. 油揚げの包装の口を開け、袋の上にめん棒または菜箸をおいて転がす。両面行う【コツ1】。袋ごと包丁で半分に切り、取り出す。
2. 沸騰した湯に1を入れ、1分ほどゆでて油抜きをし、ざるにあげて湯をきる。粗熱がとれたら、1枚ずつ両手で押さえながら水けを絞り、ゆっくり口を開く。
3. 鍋にAをすべて入れ、煮立ったら2を入れる。落としぶたをして煮汁が少なくなるまで煮つめる（たまにお玉で押す）。
4. ふたをしたまま鍋で冷まし、味をしみ込ませる。油揚げの汁を軽くきって、すし飯適量（分量外）を詰める。

レシピ作者
voyage

1枚当たり
145kcal

スタッフメモ　煮汁をたっぷり含ませたお稲荷さんは美味。ほめられること間違いなし！

つくれぽ
風邪で食欲がない日の晩御飯に！とても美味！元気な時にリピします♪

卵とじうどん
[風邪の時はコレ！簡単ふわふわ卵とじうどん]

レシピID 1691135

材料 [1人分]
- 冷凍うどん（またはゆでうどん）… 1袋
- 長ねぎ … 青いほうから1/4本
- 水 … 1 1/4カップ
- めんつゆ（3倍濃縮）… 1/4カップ
- 卵 … 1個
- 水溶き片栗粉
  - 片栗粉 … 大さじ1/2
  - 水 … 大さじ1

※甘めのつゆがお好みならみりんを少し足しても。

作り方

1. 長ねぎは5mm幅の斜め切りにし、電子レンジでラップをかけずにしんなりするまで30秒（600Wの場合）加熱する（歯ごたえがあったほうがよければ省略して直接鍋に）。
2. 冷凍うどんの場合は袋の表示に従って電子レンジで温める。片手鍋に水とめんつゆを煮立て、うどんと1をゆでる（ゆでうどんはそのまま鍋に入れる）。
3. お好みのゆで加減になったら、うどんと長ねぎを器に盛る。鍋に残った汁に水溶き片栗粉を入れ、ダマにならないよう手早くかき混ぜる。
4. 3の煮汁にとろみがついたら、円をかくように溶き卵を回しかけ、浮いてくるのを待って、すくうように大きく混ぜ、うどんにかける。

レシピ作者
kouayaa

1人当たり **402kcal**

スタッフメモ 熱々のとろみあんで最後までおいしくいただけました。

カルボナーラ

[簡単♪牛乳と全卵☆★濃厚カルボナーラ★☆]

レシピID 887637

材料 [2人分]

お好みのパスタ
　（ショートパスタでもOK）… 200g
ベーコン（またはハムなど
　なんでもOK）… 好きなだけ
玉ねぎ … 中1/2個
オリーブオイル … 適量
にんにく（みじん切り）… 適量
塩、黒こしょう … 各適量
A｜牛乳 … 3/4カップ〜
　｜スライスチーズ … 3枚
　｜（お好みでその他のとろけないチーズ … 適量）
卵 … 1個

作り方

1. 玉ねぎは薄切りにする。ベーコンは食べやすい大きさに切る。パスタは熱湯でゆで始め、袋の表示時間より少し早めにゆであげる。
2. フライパンにオリーブオイルを熱してにんにくを炒め、さらにベーコン、玉ねぎを順に加えて炒める。
3. **弱火にしてAを入れ、チーズを溶かす【コツ1】**。
4. チーズがやわらかくなったら、弱めの中火にして、1のパスタを入れ、塩、黒こしょうで味をととのえる。
5. 火を止めて、割りほぐした卵を全体にかけ、手早くからめる。余熱で混ぜ、卵を全体になじませる。
6. 器に5を盛り、お好みで黒こしょう適量をふる。

コツ①
チーズは溶けやすいように、手で小さくちぎって加えて。

レシピ作者
ぽぽたんこぶ

1人当たり
699kcal

> **つくれぽ**
> 生クリーム使ってないのにとっても濃厚！！！美味しかったです☆

スタッフメモ 牛乳とチーズ、全卵で簡単に作れるのが◎。我が家でもヒット確実です。

簡単☆ミートソース
[レシピID 3557720]

つくれぽ
たっぷり作って今回もストックです！手作りソース安心美味しい〜♪

材料 [4人分]

- ひき肉 … 200g
  - ※写真は合いびき肉を使用
- 玉ねぎ … 中1個
- にんじん … 1/2本
- にんにく … 2かけ
- しいたけ … 3個
- トマト水煮缶 (ホール) … 1缶 (約400g)
- オリーブオイル (またはサラダ油) … 適量
- 小麦粉 … 大さじ1
- A
  - 顆粒コンソメスープの素 … 大さじ1/2
  - トマトケチャップ … 大さじ2強
  - ウスターソース (またはとんかつソース) … 大さじ2
  - 砂糖 … 大さじ1/2

作り方

1. にんじんは皮をむき、しいたけは石づきを取り、残りの野菜とともにすべてフードプロセッサーにかける (ない人はみじん切りにする)。
2. フライパンにオリーブオイルまたはサラダ油を熱し、ひき肉を炒め、1も加えてさらに炒める。
3. 2に小麦粉を入れて軽く混ぜ合わせたら、トマト水煮缶、水1カップ (分量外)、Aを加えて5分ほど煮込む。少し煮つめて塩適量 (分量外) で味をととのえる。

※写真はスパゲッティに使用。湯を沸かして塩適量 (分量外) を入れ、スパゲッティ1人分80g (分量外) を加えて袋の表示時間通りにゆでる。汁けをきって器に盛り、3をかけてお好みでパルメザンチーズ適量 (分量外) をふる。

レシピ作者 ニャミ姉

1人当たり (ソースのみ) 206kcal

スタッフメモ 野菜の自然な甘みが堪能できるソースで、おかわりしちゃいました。

サンドイッチ
[喫茶店の味♡ハムときゅうりのサンドイッチ]

レシピID 338332

つくれぽ
持ち寄りランチ会の時作りました♪おいしかったです。

材料 [1人分]
食パン（6枚切り）… 2枚
ハム … 3枚
きゅうり（斜め薄切り）… 4枚
マーガリン、マヨネーズ … 各適量
塩 … 少々

作り方
1. まな板の上にパン2枚を並べて置き、両方の片面にマーガリンをぬる。その上から**マヨネーズもぬる**。
2. パン1枚にハムを3枚ずらして置き、その上にきゅうりも並べる。
3. もう1枚のパンを上からかぶせる。
4. パンのミミを全部切り落とし、三角形が4つできるように斜めに切る。器に盛り、食べる直前に塩をふる。

練り辛子をプラスして大人味にしても美味。

レシピ作者
なないく

1人当たり
329kcal

スタッフメモ　シンプルで飽きのこないサンドイッチ。食べる直前に塩をふるアイデアも◎。

マカロニグラタン

[簡単☆とってもクリーミーマカロニグラタン] レシピID 280478

材料 [2～3人分]

- マカロニ(乾燥) … 100g
- 玉ねぎ … 1個
- 鶏もも肉 … 300g
- ブロッコリー(なくても可) … 適量
- バター(またはマーガリン) … 30g
- 牛乳 … 2½カップ～
- 小麦粉 … 大さじ4
- **顆粒コンソメスープの素 … 大さじ1**
- **塩、こしょう … 各適量**
- チーズ … たっぷり

> 加える牛乳の分量でコンソメなどの量は調節して。

作り方

1. マカロニは袋の表示時間通りにゆでる。
2. 鶏肉、野菜類は食べやすい大きさに切る。
3. フライパンに油適量(分量外)を熱し、2を炒める。塩、こしょうで軽く下味をつけ、いったん取り出す。
4. **きれいなフライパンにバター(またはマーガリン)を入れ、溶けたらすばやく小麦粉を入れて混ぜる。牛乳を何回かに分けて少しずつ加え、混ぜる【コツ1】。**
5. 4がとろとろになってきたら、コンソメ、塩、こしょうで調味する。1を加え、3を戻し入れてソースとからめ、耐熱皿に入れる。
6. チーズ(粉やシュレッドタイプなど)をたっぷりのせて200℃に予熱したオーブンで15～20分焼く。

コツ1

小麦粉を加えたら手早く混ぜ、焦がさないようにする。火は中火で、牛乳を多めに用意してお好みのゆるさに。生クリームを少し入れてもおいしい。

レシピ作者 テロろん

1人当たり 652kcal

スタッフメモ おいしいホワイトソースが簡単に手作りできるので、とても魅力的!

つくれぽ

リピです！ダマにならず簡単なので、いつもこのレシピで作ってます☆

チキンカレー

[絶品◇お店に負けないチキンカレー] レシピID 1177025

材料［5人分］

- 鶏手羽元 … 10本
- 塩、こしょう … 各少々
- 玉ねぎ … 2個
- マーガリン … 大さじ2
- にんにく（みじん切り）… 小さじ1
- オリーブオイル … 大さじ1
- A
  - トマト水煮缶（カット）… 1缶（約400g）
  - 水 … 4カップ
  - 顆粒コンソメスープの素 … 大さじ1
  - ローリエ … 2枚
- B
  - カレールウ … 1/2箱
  - ウスターソース … 大さじ2
  - カレー粉 … 大さじ1
  - しょうゆ … 大さじ1
  - はちみつ … 大さじ1
  - 砂糖 … 小さじ2

作り方

1. **玉ねぎはみじん切りにして耐熱皿に平らにのせ、ラップをかけずに600Wの電子レンジで5分加熱する。**
   - あらかじめ、玉ねぎはレンジ加熱しておけば時間短縮に。
2. 手羽元は塩、こしょうをする。
3. 鍋にマーガリン、にんにくを入れて熱して1を加えて炒める。中火で玉ねぎがあめ色になるまで10分ほど炒め、いったん取り出す。
4. 3の鍋を軽くキッチンペーパーなどでふく。オリーブオイルを熱して、2を入れて両面に軽く焼き色がつくまで焼く。
5. 4にAを入れて3を戻し入れ、沸騰したらふたをして弱火で40分煮込む。火を止めてBを加え、軽くとろみがつくまで煮込む。
6. 器に温かいご飯適量（分量外）を盛り、5をかける。

レシピ作者

なっサン

1人当たり
（カレーのみ）
316kcal

スタッフメモ　お肉がホロホロ！はちみつを加えることでまろやかなコクも堪能できました。

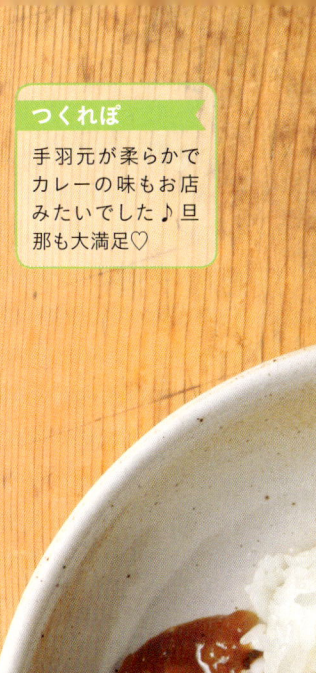

つくれぽ
手羽元が柔らかでカレーの味もお店みたいでした♪旦那も大満足♡

ドライカレー
[野菜たっぷりドライカレー]
レシピID 2805526

つくれぽ
カボチャを入れたら甘くなって美味しかったです！娘が大好きです

材料 [2人分]
- 合いびき肉 … 100g
- かぼちゃ … 1/8個
- なす … 1本
- にんじん … 1/2本
- ピーマン … 1個
- 玉ねぎ … 1/2個
- 塩、こしょう … 各適量
- A | カレー粉、小麦粉 … 各小さじ2
- 固形洋風スープの素 … 1/2個
- B | 湯 … 1/2カップ
- | ソース、トマトケチャップ … 各大さじ1
- 卵（目玉焼き）… 2個

※カレールウを細かく刻んで使ってもOK。

作り方
1. かぼちゃは種とわたを取り、なすはへたを取る。にんじんは皮をむき、ピーマンはへたと種を取る。玉ねぎとともにすべてみじん切りにする。
2. フライパンに油適量（分量外）を熱して1を炒める。しんなりしてきたらひき肉を加え、ほぐしながら炒め合わせる。
3. ひき肉の色が変わったら、塩、こしょうを加え、次にAをふり入れてさらに炒める。スープの素を指でくずしながら加え、Bの湯とソース、トマトケチャップを順に加える。
4. 煮立ったら弱火にし、ときどき混ぜながら汁けがほとんどなくなるまで煮つめて火を止める。器にご飯適量（分量外）を盛ってカレーをかけ、目玉焼きをのせる。

レシピ作者 chia

1人当たり（カレーのみ）
132kcal

スタッフメモ 野菜がたくさんとれるヘルシーカレー！辛すぎないのでお子様にもおすすめ。

チャーハン

[ベーコンとキャベツで♡シンプルチャーハン]
レシピID 1138688

つくれぽ
久しぶりに残業で遅く帰宅した旦那に。ちゃちゃっとできました。

材料 [1人分]
- ベーコン … 2枚
- **キャベツ … 1枚〜** ● ← キャベツの代わりにレタスでもおいしい！
- 卵 … 1個
- A
  - オイスターソース … 小さじ1
  - 鶏ガラスープの素 … 小さじ2
  - しょうゆ … 小さじ1
  - 塩、こしょう … 各適量
- ご飯 … 茶碗1杯強

作り方
1. ベーコンとキャベツは食べやすい大きさに切る。
2. 卵を割りほぐし、ご飯と混ぜておく。
3. フライパンに油適量（分量外）を熱し、1をさっと炒める。そこに2を加えて混ぜ、Aで調味して火を止める。

レシピ作者 さったんママ

1人当たり **690kcal**

スタッフメモ　卵とご飯を混ぜてから炒めるので、パラリとしておいしかったです。

汁もの・スープ

クラムチャウダー

[簡単☆あるものでできるクラムチャウダー♪] レシピID 2191572

「クラムチャウダー」、「はまぐりのお吸いもの」、「豚汁」など、誰もが一度は作ってみたい定番汁もの・スープをセレクトしました。

材料 [3～4人分]

- 冷凍シーフードミックス … 1/2袋（約85g）
- ベーコン（またはウインナーソーセージ） … 大2枚（または適量）
- にんじん … 1/2本
- じゃがいも … 1個
- 玉ねぎ … 1/2個
- バター（またはサラダ油）… 大さじ1強
- 小麦粉 … 大さじ2
- A
  - 水 … 1カップ
  - 牛乳 … 2カップ
  - 顆粒コンソメスープの素 … 小さじ1～2
- 塩、こしょう … 各適量

作り方

1. 冷凍シーフードミックスは塩水（分量外）に入れて解凍し、水けをきる。
2. ベーコンは約1cm幅に切り、皮をむいたにんじんとじゃがいも、玉ねぎは小さめの角切りにする。
3. **フライパンにバター（またはサラダ油）を熱し、2のベーコンを軽く炒め、さらに野菜も炒める。**
4. 玉ねぎがしんなりしてきたら、いったん火を止めて小麦粉を加えて混ぜる。再び火にかけ、全体にまんべんなく混ざるように軽く炒める。
5. 4にAを加えて煮立たせ、1も加え、弱火でとろみがつくまでときどきかき混ぜながら煮る。
6. 野菜がやわらかくなるまで弱火のまま10～15分煮て、塩、こしょうで味をととのえる。器に盛り、お好みでパセリのみじん切り適量（分量外）をふる。

> 具材は焦げないように注意して炒めて。

レシピ作者 ★ぷう★

1人当たり **195kcal**

スタッフメモ 冷凍シーフードミックスを使えば、クラムチャウダーも手軽にできますね。

> **つくれぽ**
> いつも市販のルーを買ってたので、自分でできて感動です❤

ミネストローネ

[トマト缶で簡単ミネストローネ♥]

レシピID 1939745

> **つくれぽ**
> 野菜がたくさん♪
> 妊婦に嬉しいスープでした(^^)

材料 [5〜6人分]

- じゃがいも … 小3個
- にんじん … 1/2本
- 玉ねぎ … 1/2個
- ウインナーソーセージ … 約3本
- その他の野菜や豆、
  ペンネなど（お好みで）… 適量
- オリーブオイル … 大さじ1
- にんにく（チューブ）… 3〜4cm
- A │ 水 … 2½カップ
  │ トマト水煮缶（カット）
  │ 　… 1缶（約400g）
  │ 固形コンソメスープの素 … 1個
- 塩 … 小さじ1/2〜1
- こしょう、パセリ（みじん切り）… 各少々

作り方

1. **皮をむいたじゃがいもとにんじん、玉ねぎなどの野菜、ウインナーソーセージは1cm角に切る**（野菜を大きめで作りたいときは先に下ゆでしておくとよい。その場合、作り方3で加える）。
2. 鍋にオリーブオイルとにんにくを入れて弱火で炒める。にんにくがきつね色になって香りが出たら、ウインナーソーセージ、野菜の順に加えて炒める。
3. 2にAを加えて中火で煮て、アクが出たら除く。火加減を調節しながら野菜がやわらかくなるまで30分ほど煮込む。
4. 塩、こしょうで味をととのえて火を止める。器に盛り、パセリを散らす（写真は加えずに作成）。

小さく切ると火の通りも早く、やわらかくて美味。

レシピ作者
micaxx

1人当たり
102kcal

スタッフメモ　ボリューム満点で栄養価も高いスープですね。体の芯まで温まりました。

コーンスープ

[お手軽に♪ クリーミー♡コーンスープ]

レシピID 474454

つくれぽ
父と母の結婚記念日に作ってあげたらとぉ〜っても喜ばれました❤

材料 [中くらいの鍋1杯分・約5人分]

コーン缶
　（クリーム・粒入り）… 1缶（約420g）
薄力粉、バター … 各40g
牛乳 … 2½カップ
A｜水 … 1カップ
　｜固形コンソメスープの素 … 2個
塩、こしょう … 各適量
生クリーム（ホイップクリーム可）
　… 1/4カップ

作り方

1. 鍋にバターを入れてごく弱火で熱し、焦がさないように溶かす。薄力粉を加えて泡立て器でしっかり混ぜる。どろっとした状態から、3〜4分加熱しながら混ぜ続け、サラサラの状態にする。
2. <u>1に冷蔵庫から出したての冷たい牛乳を一気に加え、泡立て器などですぐによく混ぜ合わせる。</u>　←こうするとダマにならない！
3. よく混ざったらすぐにA、コーン缶も加え、焦がさないように底から混ぜながらふつふつとするまで煮る。
4. 煮立ってとろみがついたら、塩、こしょうで味をととのえて火を止める。仕上げに生クリームを入れて混ぜる。器に盛り、お好みでパセリのみじん切り適量（分量外）を散らす。

レシピ作者
れっさーぱんだ

1人当たり
270kcal

スタッフメモ　バターと薄力粉でスープのベースを作る方法がとっても参考になりました。

豚汁

[おいし～ぃ♪ 基本の具だくさん豚汁] レシピID 2397302

材料 [4～5人分]

じゃがいも … 中2個
大根 … 150g
にんじん（細め）… 約5cm
ごぼう … 1本
たけのこ水煮 … 4～5cm
れんこん … 3～4cm
しいたけ（またはしめじなど）… 2枚（または適量）
しらたき（またはこんにゃく）… 小1袋
豚バラ肉 … 100g
ちくわ … 2本
豆腐 … 小1丁
長ねぎ … 1/2本
ごま油 … 大さじ1
だし汁（または水＋顆粒和風だし小さじ1）… 1ℓ
みそ … 50g～

作り方

1. ごぼうはよく洗って皮をこそげとり、食べやすい大きさに切る。水にさらしてアクを抜いている間に、ほかの根菜は皮をむき、しらたきとともに食べやすい大きさに切る。
2. 後で入れるたけのこ、石づきを取ったしいたけ、豚肉、ちくわ、豆腐は食べやすい大きさに切っておく。長ねぎはぶつ切りにする。
3. 鍋にごま油を熱して1を炒める。全体に油が回ったら、だし汁（または水＋顆粒和風だし）を入れる。
4. だし汁が沸騰したら豚肉、たけのこ、しいたけ、ちくわ、豆腐を入れ、アクを取りながら5分煮る。
5. **みそを溶き入れ**、煮立てないように弱火で10分煮る。
6. 10分経ったら、**多少じゃがいもが硬めの状態で火を止めて、できれば30分以上そのままおく**（おいておく時間がないときは、もう少し煮る）。
7. 温め直すときに長ねぎを入れて火を止める。

みそは種類によって味が違うので、分量は調節して。

じゃがいもが煮崩れずに味がよくしみる。

レシピ作者
mielle

1人当たり
238kcal

スタッフメモ　じゃがいもが煮崩れていなくてホクホクでした。

> **つくれぽ**
> これ作ると子供たちも主人も美味しいね〜とおかわりするよ。ご馳走様

［いわしのつみれ汁］ レシピID 874850

材料［2〜3人分］

- いわし … 3尾
- ねぎ … 1/2本
- しょうが … 1かけ
- 片栗粉 … 大さじ1
- A｜酒 … 小さじ1
- 　｜塩 … 少々
- 大根 … 3〜4cm
- にんじん … 1/2本
- じゃがいも … 1個
- ごぼう … 1/2本
- しめじ … 1/2パック
- だし汁 … 適量
- しょうゆ … 適量

作り方

1. いわしは頭を切り落として手開きにし、小骨はそのままで皮をむく。
2. ねぎは小口切りにし、しょうがはすりおろす。
3. **1に2を加えてまな板の上で包丁を使ってたたく【コツ1】**。片栗粉も途中で加えてたたき、Aで下味をつける。
4. 大根とにんじんは皮をむき、せん切りにする。じゃがいもは皮をむいて食べやすい大きさに切り、水にさらす。ごぼうはよく洗って食べやすい大きさに切って、水にさらす。しめじは根元を切り落としてほぐす。
5. 鍋にだし汁を入れて火にかけ、大根、にんじん、じゃがいも、ごぼうを入れて煮込む。途中で3をスプーンですくい、落とし入れる。
6. 5にしめじを入れてさらに煮込む。味が出てきたら塩（分量外）で薄めに味をつけ、しょうゆを回し入れて火を止める。
7. 器に6を盛り、小ねぎの小口切り適量（分量外）を散らす。

コツ1

いわしの小骨が気になる人はとにかく包丁でたたいて。

スタッフメモ　いわしからコクのあるだしが出ていました。つみれもふんわりしていて美味。

レシピ作者
emi-ru

1人当たり
230kcal

> **つくれぽ**
> 全然生臭みなくて美味しかった♪ﾁﾋﾞちゃんも喜んでたべてました

はまぐりのお吸いもの

[*はまぐりのお吸い物@ひなまつりに♪]
レシピID 1372673

つくれぽ
蛤の旨味を最大限に引き出した上品なお味に舌鼓❤雛祭りディナーに☺

材料 [3人分]
はまぐり … 150〜200g
菜の花 … 1/3束
毬麩（なければ普通の麩）… 6個
水 … 3カップ
顆粒昆布だし … 適量
酒 … 大さじ2〜3
薄口しょうゆ … 小さじ1
塩 … 少々

作り方

1. はまぐりは塩水につけ、砂抜きをする。菜の花はラップで包んで600Wの電子レンジで1分30秒〜2分加熱する。ラップごと流水をかけて色止めし、水けをきって食べやすい長さに切る。
2. 鍋に水を入れて沸騰させて昆布だしを入れる。1のはまぐりと酒を入れ、弱めの中火で煮て、アクが出てきたら取り除く。
3. **はまぐりの口が開いたら、麩を入れ、薄口しょうゆを加え、塩で味をととのえて火を止める。**
4. お椀に3を入れ、1の菜の花を添える。

口が開いたら早めに火を止めて、はまぐりが硬くならないように注意する。

レシピ作者
ruruchirin

1人当たり
28kcal

スタッフメモ　はまぐりの旨みエキスが溶け出していて、上品な味わいでした。

卵スープ

[簡単♪お助け節約！ふわふわ卵スープ]

レシピID 1256604

> **つくれぽ**
> 炒飯のお供によく登場(´∀`)〜簡単美味しいお助けレシピ有難う❤

材料 [4人分（2人分）]

- 卵 … 1個（1/2個）
- A 片栗粉 … 大さじ1（小さじ1½）
  顆粒中華スープの素 … 大さじ1（小さじ1½）
  水 … 4½カップ（2¼カップ）
- 塩（または塩、こしょう）… 少々

作り方

1. 鍋にAを入れて沸騰させる。← 必ず沸騰させること!
2. 沸騰しているところに溶きほぐした卵を入れ、すぐに火を止めて素早くかき混ぜ、塩（または塩、こしょう）で調味する。
3. 器に盛り、お好みで三つ葉やねぎ各少々（各分量外）を添える。

レシピ作者
時花菜

1人当たり
33kcal

スタッフメモ　あと1品足りないときにパパッと作れるのがいいですね。

cookpad

プレミアムサービスの紹介

誰でも無料で利用できるクックパッドのサイトですが、月額利用料（280円＋税※）のプレミアムサービスを利用すると、もっと便利になります。

たとえば、食材や料理名で検索すると、人気順に検索結果を見ることができたり、1000人以上から「つくれぽ」をもらった「殿堂入りレシピ」を見ることができたりと、レシピ検索がスムーズになります。その他にも、レシピのカロリーを表示できる機能や、「MYフォルダ」でのレシピの保管・管理が3000件まで拡張できるなど、クックパッドのすべての機能を使うことができるようになります。

利用者の90％以上の人が、「レパートリーが増えた」「おいしく作れるようになった」「献立に悩まなくなった」と実感しているこのサービス、ぜひ一度ご体験を。

※2014年10月現在のプレミアムサービスは月額280円（税抜）。iPhone・iPadアプリからのご登録の場合のみ、月額300円となります。

140万人以上が利用中！
プレミアムサービスでできること

人気順検索

① おいしくて作りやすい！大人気のレシピがすぐに見つかる！

材料や料理名で検索すると、人気順に検索結果を見ることができます。また、1000人以上が「つくれぽ」した「殿堂入りレシピ」も見られるから、おいしい食卓作りにとても便利です。

1000人以上がつくれぽ！殿堂入りレシピ

- 食費がグンと減る！ → **節約**
- 時間と手間を短縮！ → **スピード**
- ヘルシーで栄養抜群！ → **太らない**

- **からだケア**
- **ベビー＆ママ**
- **美容・ダイエット**
- **キッズ**

② 毎日の献立が悩まず決まる！

1週間分の献立を管理栄養士がテーマ別に選んで毎日提案。お買い物の悩みも、毎日の献立決めの悩みも一気に解消！

③ 専門家が選んだレシピで健康に！

ダイエットや乳幼児の離乳食、からだの悩みを持つご家族にも役立つ目的別レシピを各ジャンルの専門家が厳選して提案。

その他にも、料理がもっと楽しくなる！おいしくなる！便利な機能がいっぱい！

クックパッド　プレミアムサービス [検索]

素材別 index

肉類

牛

- 牛丼 …… 16
- 牛肉のしぐれ煮 …… 67
- 肉じゃが …… 95

牛（切り落とし・薄切り）

- 肉じゃが …… 18
- 鶏のから揚げ …… 20
- 筑前煮 …… 22
- 鶏肉の照り焼き …… 40
- チキンソテー …… 66
- 茶碗蒸し …… 92
- 炊き込みご飯 ……

鶏（もも肉・手羽元）

- 親子丼 …… 94
- パエリア …… 96
- オムライス …… 98
- マカロニグラタン …… 106
- チキンカレー …… 108

ひき肉（合い挽き・豚・牛・鶏）

- ドライカレー …… 32
- ミートソース …… 34
- 春巻き …… 41
- 煮込みハンバーグ …… 42
- ピーマンの肉詰め …… 46
- メンチカツ …… 54
- 麻婆豆腐 …… 60
- 焼き餃子 …… 104
- 春巻き …… 110
- ロールキャベツ ……

豚肉（切り落とし・こま切れ・バラ薄切り）

- 豚肉のしょうが焼き …… 14
- 豚肉のしょうが焼き …… 48
- 回鍋肉 …… 52
- 青椒肉絲 …… 58
- 八宝菜 …… 116
- 豚汁 ……

加工肉（ハム）

- ミネストローネ …… 44
- クラムチャウダー …… 102
- チャーハン …… 111
- カルボナーラ …… 112
- オムライス …… 114
- ポテトコロッケ ……

加工肉（ウィンナーソーセージ・ベーコン）

- サンドイッチ …… 82
- カルボナーラ …… 86
- 春雨サラダ …… 89
- マカロニサラダ …… 102
- ポテトサラダ …… 105

魚介類

あさり・はまぐり

- はまぐりのお吸いもの …… 96
- パエリア …… 120

あじ

- あじの南蛮漬け …… 29

いわし

- いわしのつみれ汁 …… 118

いか

- いかと里いもの煮もの …… 30
- 八宝菜 …… 58
- パエリア …… 96

えび（冷凍を含む）

- えびフライ …… 38
- えびのチリソース …… 50
- えびのマヨネーズ炒め …… 56
- 茶碗蒸し …… 66
- えびピラフ …… 90
- パエリア …… 96

124

かれい
- かれいの煮つけ … 28

鮭
- 鮭のムニエル … 27
- 鮭のホイル焼き … 36

さば
- さばのみそ煮 … 26

シーフードミックス
- クラムチャウダー … 112

たこ
- たこのマリネ … 87

ツナ缶
- ラタトゥイユ … 80

練りもの（かまぼこ・ちくわ・さつま揚げ）
- かに玉 … 51
- 茶碗蒸し … 66
- ひじきの煮もの … 74

野菜（加工品を含む）

ぶり
- ぶり大根 … 23
- ぶりの照り焼き … 24

オクラ
- ごまあえ … 76

かぼちゃ
- かぼちゃの煮もの … 68
- ドライカレー … 110

キャベツ
- ロールキャベツ … 32
- メンチカツ … 42
- 焼き餃子 … 48
- 回鍋肉 … 54
- コールスロー … 84
- チャーハン … 111

きゅうり
- きゅうりとわかめの酢のもの … 78
- きゅうりの浅漬け … 79
- 春雨サラダ … 82
- サンドイッチ … 89
- ポテトサラダ … 105
- 豚汁 … 116

グリーンピース
- えびピラフ … 90

コーン缶（粒・粒入りコーンクリーム）
- コーンスープ … 84
- コールスロー … 115

ごぼう
- 筑前煮 … 20
- きんぴらごぼう … 71
- 炊き込みご飯 … 92
- 豚汁 … 116
- いわしのつみれ汁 … 118

小松菜
- 小松菜と油揚げの煮びたし … 72

こんにゃく・しらたき
- 筑前煮 … 20
- 炒り卵の花 … 76
- 豚汁 … 116

里いも
- 里いもの煮っころがし … 30
- いかと里いもの煮もの … 68

じゃがいも
- 肉じゃが … 16
- ポテトコロッケ … 44
- ポテトサラダ … 82
- クラムチャウダー … 112
- ミネストローネ … 114
- 豚汁 … 116
- いわしのつみれ汁 … 118

ズッキーニ
- ラタトゥイユ … 80

大根
- ぶり大根 … 24
- 豚汁 … 116

項目	ページ
いわしのつみれ汁	118
豚汁	20
青椒肉絲	52
筑前煮	116
たけのこ（水煮を含む）	
玉ねぎ	
豚肉のしょうが焼き	14
肉じゃが	16
あじの南蛮漬け	29
ロールキャベツ	32
煮込みハンバーグ	34
メンチカツ	42
ポテトコロッケ	44
ラタトゥイユ	80
マカロニサラダ	86
たこのマリネ	87
親子丼	94
牛丼	95
パエリア	96
オムライス	98
カルボナーラ	102
ミートソース	104
マカロニグラタン	106
チキンカレー	108
ドライカレー	110
クラムチャウダー	112
ミネストローネ	114
トマト（水煮缶／ホール・カットを含む）	
チキンソテー	40
ラタトゥイユ	80
トマトと卵の炒めもの	88
ミートソース	96
パエリア	104
チキンカレー	108
ミネストローネ	114
なす	
なすの焼きびたし	70
ドライカレー	110
菜の花	
はまぐりのお吸い物	120
にら	
焼き餃子	54
にんじん	
八宝菜	16
筑前煮	20
肉じゃが	58
きんぴらごぼう	71
ひじきの煮もの	74
炒り卵の花	76
コールスロー	85
えびピラフ	90
ミートソース	104
ドライカレー	110
クラムチャウダー	112
ミネストローネ	114
豚汁	116
いわしのつみれ汁	118
ねぎ（長ねぎ・小ねぎ）	
回鍋肉	48
八宝菜	58
炒り卵の花	76
卵とじうどん	101
ピーマン・パプリカ	
あじの南蛮漬け	29
ピーマンの肉詰め	41
回鍋肉	48
青椒肉絲	52
八宝菜	58
ラタトゥイユ	80
パエリア	96
ドライカレー	110
ブロッコリー	
えびのマヨネーズ炒め	56
ほうれん草	
茶碗蒸し	66
ほうれん草のおひたし	72
白あえ	75
白菜	
八宝菜	58
豚汁	116
いわしのつみれ汁	118

水菜
- あじの南蛮漬け … 29
- もやし
  - 春巻き … 60
- れんこん
  - 豚汁 … 20
  - 筑前煮 … 116
- きのこ類・海藻類
- きのこ（しいたけ・えのき・しめじ・きくらげ）
  - 鮭のホイル焼き … 27
  - 八宝菜 … 58
  - 茶碗蒸し … 66
  - ミートソース … 104
  - 豚汁 … 116
  - いわしのつみれ汁 … 118
- ひじき
  - ひじきの煮もの … 74

大豆製品・卵・乳製品
- わかめ
  - きゅうりとわかめの酢のもの … 78
- 油揚げ
  - いなりずし … 72
  - 炒り卵の花 … 74
  - ひじきの煮もの … 76
  - 小松菜と油揚げの煮びたし … 100
- おから
  - 炒り卵の花 … 76
- 卵（うずら卵を含む）
  - だし巻き卵 … 51
  - 八宝菜 … 58
  - かに玉 … 62
  - 茶碗蒸し … 66
  - ポテトサラダ … 82
  - トマトと卵の炒めもの … 88
  - 春雨サラダ … 89
  - 親子丼 … 94
  - オムライス … 98

豆腐（木綿・絹ごし）
- 麻婆豆腐 … 46
- 揚げ出し豆腐 … 64
- 白あえ … 75
- 豚汁 … 116
- チーズ（プロセスチーズ・スライスチーズなど）
  - マカロニグラタン … 86
  - カルボナーラ … 102
  - マカロニサラダ … 106

炭水化物
- うどん
  - 卵とじうどん … 101

米
- 焼き餃子 … 54
- 春巻き … 60
- えびピラフ … 90
- 炊き込みご飯 … 92
- パエリア … 96
- オムライス … 98
- チャーハン … 111
- 餃子の皮・春巻きの皮
  - 焼き餃子 … 54
  - 春巻き … 60
- 食パン
  - サンドイッチ … 105
- パスタ（ショート・ロング）
  - マカロニグラタン … 86
  - カルボナーラ … 102
  - マカロニサラダ … 106
- 春雨
  - 春巻き … 60
  - 春雨サラダ … 89
- 麩
  - はまぐりのお吸い物 … 120

卵・乳製品
- 春巻き … 60
- 卵スープ … 101
- チャーハン … 102
- カルボナーラ … 111
- 卵とじうどん … 121

127

制作協力
クックパッドをご利用のみなさん

監修
クックパッド株式会社

http://cookpad.com

Staff

編集協力	内堀俊（コンセント）、石井悦子
デザイン	村口敬太、芝智之、寺田朋子（スタジオダンク）
撮　　影	市瀬真以（スタジオダンク）
ライティング	倉橋利江
料理制作	しらいしやすこ、小澤綾乃
スタイリング	加藤洋子
カロリー計算	古賀祐子（Nutritious）

本書の内容に関するお問い合わせは、書名、発行年月日、該当ページを明記の上、書面、FAX、お問い合わせフォームにて、当社編集部宛にお送りください。電話によるお問い合わせはお受けしておりません。
また、本書の範囲を超えるご質問等にもお答えできませんので、あらかじめご了承ください。
　FAX：03-3831-0902
　お問い合わせフォーム：http://www.shin-sei.co.jp/np/contact-form3.html

落丁・乱丁のあった場合は、送料当社負担でお取替えいたします。当社営業部宛にお送りください。
本書の複写、複製を希望される場合は、そのつど事前に、（社）出版者著作権管理機構（電話：03-3513-6969、FAX：03-3513-6979、e-mail：info@jcopy.or.jp）の許諾を得てください。
JCOPY ＜（社）出版者著作権管理機構　委託出版物＞

クックパッドのおいしい　厳選！定番レシピ

監　修	クックパッド株式会社
発行者	富永靖弘
印刷所	慶昌堂印刷株式会社
発行所	東京都台東区台東2丁目24　株式会社新星出版社　〒110-0016　☎03(3831)0743

Ⓒ cookpad, SHINSEI Publishing Co.,Ltd.　　Printed in Japan

ISBN978-4-405-09267-9